こんな教育委員会はいらない

――教育委員会への手紙――

篠原　寿一

はじめに

学級崩壊や学校崩壊、学力崩壊などがいわれて久しい。私は、外資系コンピュータ企業を早期定年退職後、情報処理専門学校の教員になるまでは、教育現場がここまで壊れているとは思いも寄らなかった。

専門学校の教員に採用された四月に、講堂で始業式が行われた時のことは今でも鮮明に覚えている。約四百名の学生が出席したこの始業式は、静粛とは程遠く、学生たちの勝手なおしゃべりが延々と続き、司会が「静かに」「静かに」と繰り返し、繰り返し注意しても私語は止まない。

定刻になるとワンワンとした騒音のなか、校長の挨拶、新任教員の紹介、カリキュラムの紹介、就職ガイダンス、などが進行するが聞いている学生はほとんどいなかった。そんな騒音を気にする風もなく、プログラムは淡々と進み、小一時間ほどで始業式は終了した。

教職員は学生が聞いていようがいまいが関係なく、自分の役割を済ませればそれでよし、としているように思われた。およそ自分が学生の頃には体験したことのない、想像を絶する教育現場を目の当たりにした最初である。

授業が始まっても、ざわざわした雰囲気は変わらなかった。始めの頃こそおとなしかった一年生も、二、三週間もすると隣同士が友達になり、授業そっちのけでおしゃべりをするようになる。そんな時、私は直ぐに学生を名指しで叱りつけ、少なくとも私の授業は静粛を保った。しばらくして学生の私語に歯止めがかからないのは単に学生が悪いのではない、指導する教員にも問題があることに気が付いた。

教員の中には授業中学生が私語を交わそうが、教室を出て行こうが、出歩こうが一切無視を決め込み、淡々と黒板に向かって授業を進める者がいた。シーンとした教室で授業するのに較べ、騒々しい教室で授業をする方が、割り切ってしまえば、教員には楽である。なぜなら、学生はほとんど授業を聞いていないのだから、教員が何をしゃべっても、極端に言えば、間違ったことを教えてもそれを指摘する学生はいないからである。

また、学生の多くは専門学校でしっかり実力をつけようとしているのではなく、単に卒業証明書が欲しいだけであることも次第に分かってきた。つまり、多くの学生は、将来の目標を定めて、今何をしなければならないかを考えて専門学校に進学してきたのではない。親が行けというから仕方なく来た、社会には未だ出たくない、今を楽しく過ごせそうだから、などの理由で進学してきている学生が少なからずいるのである。まさかと思うかも知れないが、これがこの学校の実態だった。

なぜそうなるかといえば、小学校でも、中学校でも、高校でも、かなりいい加減にしていても自動的に押し出されるからである。つまり、余程のことがない限り、卒業することはそれ程困難ではない。

また、彼らは豊かである。それは勿論親が豊かであるが故だが、生活の苦労が分らない。生活をするにはお金を稼がなければならない、何をしてお金を稼ぐか、どのような職業に就きたいのか。とにかく仕事に就いて稼がなければ暮らせない、という社会の仕組みが彼らには分かっていない。

二年生になると就職ガイダンスをするが、その心構えを問うアンケート結果にもそのことがよく表れている。今最も大事なことは何かの質問に対し、「今が楽しいこと」が例年トップなのである。

専門学校時代のことを書きだすときりがないが、あえてもう一つだけ書くとすれば、すさんだ学習環境である。教室や廊下の壁のあちこちは靴で蹴った穴が開いている。喫煙は決められた場所に限られていたが、学生たちはそれを無視して、くわえタバコで廊下を闊歩し、所構わず火のついたタバコを捨てる。そのために廊下の床材は焼け焦げだらけであり、吸い殻もいたるところに散乱している。それを掃除のおばさん達が黙々と掃除していたのである

ある時、ベンディングマシンで買ったコーヒーを、手が滑ってぶちまけても知らん顔をして立ち去ろうとする学生を目撃したので、その場を拭いてきれいにするよう命じた。するとこの学生は、「こういうのをきれいにするために掃除のおばさんが、オレ達の金で雇われているのでしょう」と平然と答えたのである。

私は勤務一年目から彼らを徹底的に指導したので、新しく開けられる穴も減り、タバコの散乱も収まるようになった。その実績のためかどうか二年目には「厚生補導室長」なる肩書を与えられて、学生指導の責任者になった。それもあって私は環境の美化、マナーの一層の向上を目指して取締りをより厳しくし、掃除のおばさん達からは、「先生のおかげで学校が随分きれいになりました」と感謝されたほどである。また、厚生補導室長になった二年目の年の始業式の進行係を任されたが、講堂は咳ひとつなく静

粛な始業式になった。

このような体験をしていたので、専門学校を辞めた後も教育に関する関心は薄れなかった。たまたま市役所に行った折会議室の前に「第〇回教育委員会」と書かれた立て看板を目にしたので、その前に立っていた職員に教育委員会についていろいろ質問し、また私の経歴をざっと話した。

その当時、私は教育委員会についての知識はほとんどなく、教育の専門家が集まって、学校で発生するいろいろな問題や教育の質の向上について議論する機関だろう、程度に思っていた。

しかし、担当者と話しているうちに担当者が、「お宅様のような経歴の方には是非教育委員になってもらい、教員達を指導してもらえれば有難い」などと言うのを真に受けて、数日後に教育委員長宛に手紙を書いた。

当時私は教育委員会の教育長と教育委員長の区別もつかず、教育委員になるには市長の推薦を受け、議会で承認される必要があることも知らなかった。

私は、学歴、職歴、家族構成、教育観、貢献できそうな分野などを書き連ね、最後に私を教育委員に任命して欲しいと書いた。教育委員会の仕組みを知っていれば決して出さない手紙だが、それに対し、教育委員長からは何の返事もなかった。社会の常識からすれば、受けた手紙に返事を出すのは大人の常識だが、無しの礫《つぶて》の反応には怒りを感じた。

それと同時に、このような社会常識もわきまえない教育委員会とはどのようなものか、自分の目で確かめようと思い立ち、以後九年間雨ニモマケズ風ニモマケズ、私が傍聴に行くと会議を非公開にして傍聴させなくなるまで、ほぼ毎月通いつめた。その後は、必要に応じて傍聴し、また手紙を送り続けている。

この間いろいろな問題を発見し、また気付いたのでその都度手紙を出して指摘し、また質問したが返事はほとんど来ないか、来ても意味不明の内容が多かった。十年一日の如きこの体質は一向に改まる気配がない。

ついには、自分達に都合の悪い会議は非公開にするに至り、このような教育委員会であれば、いらないのではないかと思うようになった。これまでの教育委員会や市長部局への手紙や議事録をもとにして、その実態を明らかにしたい。

こんな教育委員会はいらない
——教育委員会への手紙——

目次

第二章　教科書採択という芝居……81

第一章
成人式の正常化と国歌斉唱をするまで

非常識がまかり通る教育委員会

教育委員は教育の専門家で構成されているのだろうという予測は、傍聴し始めて直ぐに間違いであることが分かった。教育委員会はレーマンコントロール（教育関係者以外の素人が、専門家とは異なる、高い立場や広い視野から教育をコントロールする）を旨とし、専門家にありがちな一方的な見解や意見に偏らないように、一般市民（教育の素人）が委員になることによって社会的常識を持ち込み、政治的にも思想的にも中立な教育環境を整える、という建前になっている。この教育の素人をどのように選ぶかについては首長の裁量にゆだねられていて、多くの場合は、首長のお友達や選挙で貢献した人々が選ばれるようであることは後で知った。

教育委員会の次第は、通常、前月の議事録の朗読、教育長によるこの一ヶ月の動きやイベントなどの報告、そして議事となる。議事の多くは、国の法律改正に伴う市条例の改正案の審議。審議と言っても形だけの質疑応答が中心で、最終的に反対、却下などは一度もない。あるいは、給食の業者を継続するかどうかなど事務局が用意したシナリオにそって淡々と議事が進行し、全員一致の承認で終わる。

ある時教育長が珍しく自分の意向を提案したことがあった。最近子供達の返事に気合が入っていない。（一年生に徹底するのは未だ無理だが）二年生以上は先生に呼ばれたら「ハイッ」

元気よく返事をするように指導したいとの提案だった。

　すると外国での生活をしたことがあるという委員Ｅが反対した。そのように画一的、杓子定規に子供達を枠に押し付けてはいけない。（自分の生活した）アメリカでは、先生に呼ばれた生徒は「イエス」「イエスサー」「ヒア」「ハーイ」などと自由に返事をしている。このように伸び伸びと子供達の個性を尊重することこそ大事だ、というのである。

　アメリカといってもいささか広いし、アメリカは何処に行ってもこれと同じとは限らない。ところが教育委員達は「アメリカでは」という言葉に弱い。この委員は何かと言うとアメリカを持ち出し、それを持ち出すことによって自分の意見を通してしまう。この教育長は勿論校長経験者であり、他にも校長経験者はいたが、委員Ｅに対して反対意見を言う者はいなかった。

　すると教育長は「分かりました。この提案は（賛成者がいないので）撤回します。」と言ってあっさり撤回してしまった。一事が万事この調子で、誰かが自信をもって（自信があるように）発言すると、反対意見を述べる、あるいは議論を戦わせるという状況にはならないのである。

　先生に呼ばれたら「ハイッ」と返事をすることは極めて大事な提案であったが、民主的な多数決でものごとを決めるのが大原則で、その結果がどうなっても誰も責任を取らないのが教育委員会方式といってもよい。その典型的な例が成人式である。

惨憺たる成人式

教育委員会の傍聴を始めて三年目、その頃成人式の季節になると荒れる成人式がマスコミを賑わしていたので、さて我がまちの成人式はどのようなものかと見学に行った。会場の体育館には椅子がなく、五つある中学校の立て看板が点在しているだけだった。新成人は出身中学校の名前の書かれた立て看板のまわりにたむろして、久しぶりに会った級友達とがやがやと会話していた。開始を告げるブザーが鳴っても騒ぎは少しも収まらず、司会者と思しき新成人男女が「静かにしてください」「静かにしてください」と言っても騒ぎはまったく収まらない。わんわんとした騒音の中で開会が宣言され、市長の挨拶が始まり、何人かの来賓の挨拶があったが、聞いているのは演壇前の二、三列のみ。後は輪になって談笑したり、一列に並んで記念写真を撮ったりしている。カメラを持っているのは年配者のように見えたので当初私は、てっきり父兄が会場に紛れ込んで写真をとっているのだと思った。しかし、良く見ると撮影後談笑の輪に入って一緒に騒いでいるのを見るに及んで、これは父兄ではなく教員であると分かった。

しかも会場は出入り自由。式典が始まってから群れて騒がしく入ってくるグループがいる一方で抜け出すグループ、出たり入ったりしている者など、まったくの無秩序状態だった。

こうして騒々しい式典は終わった。その後記念写真を撮って懇親会に移っていったのであろうが、式典が終わると私は早々に会場を後にした。帰ると直ぐに成人式を実質的に取り仕切る社会教育課長宛に手紙を書いた。

【平成15年1月13日：社会教育課長K宛】

謹啓　新春の候、ご健勝のこととお慶び申し上げます。

本日はX市主催の成人式を見学させて頂きありがとうございました。この数年荒れる成人式が報道されるのを見るにつけ、X市の成人式がどのように挙行されているのかに関心を抱き、本日初めて見学致しました。

会場に一歩足を踏み入れた時の第一印象は、これが成人式という式典を挙行する会場か、ということでした。立食用の丸テーブルが出身中学校別に用意され、着席する椅子もありませんでしたが、少なくとも厳粛たるべき式典は新成人に着席させ、人の話を聞く環境を設定することが何より大切ではないでしょうか。これでは出席者に静粛を求めることなど無理でしょう。

案の定というべきか、式典開始の十時三十分になってもざわめきは一向に収まらず、十分遅れの開会宣言は言うに及ばず、市長や来賓の挨拶でも聞いている新成人は数えるほどしかおりませんでした。挨拶の終わりにはお座なりの拍手はありましたが、観察していると、拍手しているのは聞いていた人達だけでなく周囲と雑談したり、写真を撮り合っていた者達も含まれていて、拍手の大きさと真面目に聞いている出席者数は比例しておりませんでした。拍手の大きさで式典は成功などとは、ゆめゆめ誤解なされぬようにしてください。

ただし、X中学校のテーブル周囲の女子成人は比較的私語も少なく好印象を受けました。

そもそも成人式は新成人の自主的な運営に任せているとはいえ、受付や会場への誘導などは市の職員が中心になって行っており、これをもって新成人が自主的に式典を運営しているなどといっては、新成人に誤ったメッセージを伝えることになります。会場の設営などにどの程度新成人が関わったのか分かりませんが、企画や司会、開会、閉会の宣言など、その場限りの仕事をもって自主的な運営などとおだてることは、決して新成人の為にならないように思います。

司会者の紹介にもありましたように、成人式という式典は紛うことなく市当局の主催であり、成人式という式典の意義を知らしめるのは新成人を迎え入れる大人の側にあります。単に若者の意見を採り入れて、彼らの好きなようにやらせることが理解ある大人の態度ではありません。

特に失望したのは主催者の代表である市長がざわめく新成人に一言注意するわけでもなく、語気にイライラを含んだ型どおりの挨拶で終わってしまったことでした。たとえ新成人から反発を受けようと挨拶が中断しようと、成人式の意義を知らしめ、大人の自覚を求めることがこの式典の最大の目的でありますから、その目的を明確に示せない式典はとうてい式典という名に値しませんし、後に続いて挨拶された来賓者に対しても失礼というものです。
このような形式の成人式がX市で何年続いたのか存じませんが、これ程若者を甘やかした成人式は今年限りにして頂きたいと切望致します。

敬白

この月の二十六日に教育委員会があったので当然この騒々しい成人式について報告なり、改善するための議論があるものと期待したが、議論はおろか報告さえなく、成人式はこれ以降その年の十二月まで話題になることはなかった。

聞く耳を持たない市長への手紙

この手紙を書いて暫くして件《くだん》の社会教育課長から電話があり、市長も篠原さんの言う通りだと言っている旨の話があった。そこで、これで来年の成人式は少しは静かになることを期待したが、結果は見事に裏切られた。前の年とまったく変わらなかったのである。そこでまた、社会教育課長に手紙を書いた。

【平成16年1月12日：社会教育課長K宛】

前略

今年もX市の成人式を見学させて頂きました。

昨年初めて式典を見学した際、その会場の雰囲気に非常に違和感を覚えましたので、直ぐに貴職に感想を手紙に認めてお送りしたところ、貴職より、市長も篠原さんの言うとおりだと言っています、というお電話を頂きました。

式典の様子と感想は昨年の手紙にくわしく書きましたので繰り返しませんが、今年も昨年と何ら変わるところがなく、騒々しさは昨年のレベルを超える程であり、今年も大人の責任に無自覚な新成人を大量に世間に送り出してしまったような印象を受けました。

このような式典を貴職の一存で行ったとは思いませんが、なぜこのように騒々しく、けじめのない式典を繰り返すのか理解できません。

ここに、貴教育委員会の見解をお尋ね致します。

草々

前年とまったく変わらない、いやむしろ酷くなった成人式を教育委員会は放置し続けているので、再び前掲の質問状を送った。それに対する回答がなかったので、一月の教育委員会傍聴後、今度は口頭で、社会教育課長に質したところこの問題は市長が直に回答する、とのことだった。そこで二週間程市長からの回答を待ったが連絡がなく、私から市長に質問状を送った。

【平成16年2月8日：X市長H宛】

拝啓　立春を過ぎて少しずつ春の気配が感じられるようになりましたがご健勝のこととお慶び申し上げます。

さて、今年一月十二日の成人式は昨年にも増して騒々しく、到底税金を使った式典の名に値しない成人式と感じましたので、X市教育委員会社会教育課長にその趣旨をお尋ねする書簡を送りました。しかし何の応答もありませんでしたので、一月の教育委員会傍聴の折同課長に問い質したところ、市長より、教育委員会から回答する必要はない、この件は市長が直接回答する旨文書が出ているとの返事を頂き、また同時に、その文書は近々私にも送られるだろうというとの回答を頂きました。そのため私はこの二週間貴職からのご回答を待っていたのですが、何の音沙汰もなく、ここに改めて質問状をお送りします。

X市の成人式はX市の教育委員会主導で行われていると考えていましたので、これまで教育委員会にお尋ねしてきたのですが、上記の経緯から、貴職の意向が強く反映されていることが明らかになりましたので、以下の点につき貴職に直接お尋ね致します。

質問一　懇親会は別にして成人式という式典があのように騒々しく、式典の体をなしていないことを貴職はどう考えているのか。
質問二　それに対し出席者や、教育委員会を含む関係者に何ら注意しないのはなぜか。
質問三　あのような騒々しいなか来賓に挨拶をさせるのは、主催者として来賓に対して失礼とは思わないか。
質問四　今年もまた、成人になったことに無自覚な若者を社会に大量に送り出してしまったことに、成人式の主催者側の最高責任者として責任は感じないか。

貴職の挨拶中、新成人達の私語は勿論、かたまったり、輪をつくったりしてグループで談笑し、また写真を取りあうなどの傍若無人な振る舞いを貴職は注意もせずに見逃し、むしろ新成人、新有権者に擦り寄り媚を売っているような印象を受けましたが、これは極めて見苦しく、これで良いのかと強い疑問を感じました。このことは新成人に対し、あなた達のその振る舞いはそれで良いのですよ、という誤ったメッセージを送ったことにつながりますが、その自覚はおありでしょうか。
私はこのようなけじめのない、杜撰《ずさん》、かつ無節操な成人式を貴職が繰り返すことを、このまま容認する積もりはありません。

貴職の誠意ある回答をお願い致します。

敬具

意味不明な市長の回答への再質問状

右の質問状に対し市長から、二月十八日付の回答書が届いた。しかし、何を言っているのかよく分らず、その回答を引用しながら再度質問状を送った。

市長からの回答は、概略、以下のような内容だった。

『ご指摘のように、成人式について最近、「うるさすぎる。もう少し何とかしたい！」というような感想が聞けるようになりました。ただ、X市の子ども達は大人達が育てていると言っても過言ではありません。これからも、成人式を良くするためにご意見がありましたらお知らせください。』

【平成16年2月19日：X市長H宛再質問状】

拝復、ご返事拝読しました。

何とも無内容な、はぐらかしのご回答には失望しました。貴職が教育委員会を指導し、また新成人の実行委員会を主導してあのような無節操な成人式を行いながら、『「うるさすぎる。もう少し何とかしたい！」というような感想が聞けるようになりました。』と、まるで新成人に責任を転嫁していますが無責任過ぎませんか。

また『X市の子ども達は大人達が育てていると言っても過言ではありません。』とのことですが、『過言』どころか大人達が育てなければならないのです。したがって、未熟な新成人が間違った式典をしようとしたらそれを注意するのが大人の役割です。しかし貴職は注意するどころか、それを助長しています。だから『過言ではありません』という程度のことしか言えないのだろうと思います。

私は「子ども達が成人式をどのように考えているのか」とお聞きしたわけではなく、「貴職が以下のことをどう考えているのか」とお聞きしたのです。

質問一　懇親会は別にして成人式という式典があのように騒々しく、式典の体をなしていないことを貴職はどう考えているのか。

質問二　それに対し出席者や、教育委員会を含む関係者に何ら注意しないのはなぜか。

質問三　あのような騒々しいなか来賓に挨拶をさせるのは、主催者として来賓に対して失礼とは思わないか。

質問四　今年もまた、成人になったことに無自覚な若者を社会に大量に送り出してしまったことに、成人式の主催者側の最高責任者として責任は感じないか。

自分で自分をはぐらかすことはできても他人をはぐらかすことはできないことに、もうそろそろ気づいてもよい時期ではありませんか。

再度上記四つの質問をしますのでご回答をお願い致します。

敬具

この質問状に対し、市長より以下のような返信があった。

『前述しましたように、成人式があのような状態で行われたことは大変残念なことであると感じています。新成人の皆さんに対する対等な大人としての信頼が込められていますが、それが叶わず残念でした。

式典の前に、実行委員や教育委員会の職員から、再三にわたり注意しておりましたが、静かで厳《おごそ》かな式の進行には至らなかった次第です。

市として来賓を招いている以上、来賓挨拶の最中、全体として静かに聞くことができなかった状況は大変残念なことであり、来賓の皆様には大変申し訳ないと感じております。

成人になるということは、今後は社会から大人として認められることですから、新成人の皆さんには大人としての責任を果たし、自覚と誇りをもって行動していただきたいと願っています。

この自覚と誇りは、成人式を境に突然生まれるものではなく、成人式に至るまでの成長過程において、家庭や教育現場、行政、社会など、当人をとりまく環境の中で次第に培われていくものだと考えています。云々』

市長に対する三度目の質問状

【平成16年3月14日：X市長H宛】

前略

二月八日に成人式に関する質問状をお送りしましたが二月十八日付け貴職の回答書簡では質問に何も答えていませんでしたので、二月十九日に再度同じ四つの質問を致しました。この度そのご回答を頂き拝読しましたが「残念」という言葉が散見されるものの貴職が責任をどれ程感じておられるかは窺えませんでした。貴職は質問四の回答のなかで「新成人の皆さんには大人としての責任を果たし、……」と書かれておりますが、ご自身の責任は棚に上げて、新成人には「責任を果たし、自覚と誇りをもって行動していただきたいと願っています」という部分は解《げ》せませんでした。

先般のX市議会で議員Yより成人式について質問がありましたが、私は貴職の答弁には何度も耳を疑いました。元々成人式では新成人には着席させて話を聞かせていたようですが、貴職が市長になってから、新成人に着席を求めてもなかなか着席しないので、それならいっそ立ったままにしようと決めたとのことですが、これは貴職が新成人に迎合しただけのことであって「X市のこども達はX市の大人達が育てている」（上記二月十八日付け貴職書簡）というお言葉とは矛盾するのではないでしょうか。

昭和三十一年に制定された成人式に関する条例では「成人式は厳粛な、かつ温かみのある式典」と規定されているとのことですが、式場では貴職の話も来賓者の話も大部分の新成人は無視して、多くの出席者達はただ騒いでいるだけでしたが、これで厳粛な式典といえるのでしょうか。ただ残念で済ませられることなのでしょうか。厳粛な雰囲気の中で大人になった自覚を促すのが成人式本来の趣旨のはずですが、厳粛とは程遠い雰囲気であれば当然に大人が注意して厳粛な雰囲気をつくるのが主催者たる貴職の責任ではありませんか。今年の成人式で貴職は騒々しい新成人に一言も注意しませんでした。

ところで、貴職は答弁のなかで成人式の主催者は市役所、市教育委員会、および新成人からなる実行委員会の三者だと述べていますが、これもおかしな話です。もし三者が対等な主催者であるならば、最初に貴職がお祝いの挨拶することも事前に三者で話し合ったのでしょうか。そうではないでしょう。式典としての成人式の主催者は市当局であるから、当然に貴職が最初にお祝いの挨拶をしたのではないでしょうか。

貴職はまた成人式の式典とその後の懇親会についても、あえて両者をひとくくりにして論点をぼかしていますが、式典としての成人式とその後の懇親会はまったく別のことであり、式典には式典のけじめが必要です。貴職は成人式をどうやったらよいか子供達に聞いた、あるいは子供達に指示されて今のような形態にしている、ディスクジョッキーや立食を取り入れたのもその一環である、とのことですが「子供達に指示されて」とはどういうことなのでしょうか。そこには貴職の大人としての自覚も見識もなく、ただただ「子供達」に迎合する姿勢しか見えません。またディスクジョッキーや立食は式典としての成人式ではなく、懇親会のことではないでしょうか。懇親会をある程度新成人達の希望に沿って実施することは理解できますが、貴職の答弁では式典としての成人式と第二部の懇親会を混合していて、このような認識の主催者では式典があのようになってしまうのも無理からぬことと思いました。しかし、それでは困るのです。

貴職はまた、このように騒々しい成人式の式典が現在の日本の趨勢である(風潮である?)、時代背景も考えなければならないと述べていましたが、そんな風潮に流されていてはX市のみならず我が国がますます悪くなってしまうという自覚はないのでしょうか。時代背景がどうであれ、風潮がどうであれ、厳粛な式典には厳粛さを求め、それに従わせるのが大人の役割ではないでしょうか。数年前に高知県の橋本知事が、知事のお祝いの挨拶を聞かない若者達を注意し、それに従わない若者には「出て行け」と一喝したことはニュースで繰り返し報道されましたので貴職もご覧になったと思いますが、そのようにしてでも新成人には大人としての自覚を植え付ける必要があるのではないでしょうか。それが正に税金を使った式典としての成人式であり、それを実行するのが貴職に課せられた責任ではないでしょうか。

この度のご回答で、貴職は「この自覚と誇りは、成人式を境に突然生まれるものではなく、成人式に至るまでの成長過程において、家庭や教育現場、行政、社会など、当人をとりまく環境の中で次第に培われていくものだと考えています」と書かれていますが、もしそれが正しいとしても厳粛な式典をぶち壊す行為に対し主催者が何も注意しないことは、その行為を認めていることに他なりません。「この自覚と誇りは、成人式を境に突然生まれるものではなく」という一節は同意できませんが、少なくとも成人としてあるまじき行為を目の当たりにしながら何も注意しないのは、それで良いのですよと認めていることであり、「X市のこども達はX市の大人達が育てている」という貴職の大人としての責任は何ら果たされていなかったことを自覚して頂きたいと思います。

また貴職は「実行委員や教育委員会の職員から、再三にわたり注意しておりましたが」とのことですが、受付をしていた職員は無理としても、会場にいた職員が何ら注意していなかったことは私自身目撃しています。ここでも貴職は、ご自身の責任は棚に上げて周囲の人達に責任を転嫁していますが、私がお尋ねしているのは貴職ご自身の責任です。

私は教育委員会を継続的に傍聴して今年で四年目に入りますが、過去三年間教育委員会で成人式のやり方について正式な議題として取り上げられたことはなかったばかりか、事後の反省についても聞いたことがありません。貴職は教育委員会に対し実行委員会には余り口出しするなと発言されていた由、かつての関係者から漏れ聞いておりますが、教育委員ですらこの問題について発言できないのはおかしいと思います。文部科学省が、この度教育委員会のあり方について中央教育審議会に諮問しましたが、X市としてもこの機会に見直しする必要があるのではないでしょうか。

最後に、貴職のご回答について私の感想をお伝えします。

質問一　懇親会は別にして成人式という式典があのように騒々しく、式典の体をなしていないことを貴職はどう考えているのか。

【回答】　前述しましたように、大変残念なことであると感じています。

【感想】貴職の議会答弁や関係者の話から、式典があのように騒々しいのは昨年、今年だけではなかったと推測できます。そのような状況をずっと放置し、また助長してきた責任は貴職にないのでしょうか。

質問二　それに対し出席者や、教育委員会を含む関係者に何ら注意しないのはなぜか。

【回答】実行委員や教育委員会の職員から、再三にわたり注意しておりましたが、静かで厳かな式の進行には至らなかった次第です。

【感想】騒がしい式典は何も今に始まったことではなく、それならそれで工夫があってしかるべきです。ところが貴職は、「新成人の皆さんに対する対等な大人としての信頼が込められています」というお題目を掲げて教育委員会に意見を言わせず、毎年同じ誤りを繰り返してきました。この責任は重大です。

質問三　あのような騒々しいなか来賓に挨拶をさせるのは、主催者として来賓に対して失礼とは思わないか。

【回答】市として来賓を招いている以上、来賓挨拶の最中、全体として静かに聞くことができなかった状況は大変残念なことであり、来賓の皆様には大変申し訳ないと感じております。

【感想】残念とか申し訳ない、で済むことなのでしょうか。これも毎年繰り返されてきたことであり、心から申し訳ないと思う気持ちがあれば改善策を講じるのが当然の対応だと思います。

質問四　今年もまた、成人になったことに無自覚な若者を社会に大量に送り出してしまったことに、成人式の主催者側の最高責任者として責任は感じないか。

【回答】成人になるということは、今後は社会から大人として認められることですから、新成人の皆さんには大人としての責任を果たし、自覚と誇りをもって行動していただきたいと願っています。

この自覚と誇りは、成人式を境に突然生まれるものではなく、成人式に至るまでの成長過程において、家庭や教育現場、行政、社会など、当人をとりまく環境の中で次第に培われていくものだと考えています。

【感想】この回答には驚きました。成人式は何のために行うのか、なぜ厳粛に行わなければならないのか。大人の自覚と誇りを持たせるために、成人式という式典は税金を使って行うのです。確かにこの二十年間いい加減なままに生きてきて成人式を迎えた者もいるでしょうし、着実に二十年間を過ごしてきて、この成人式をひとつのけじめにしたいという思いで成人式に出席した若者もいるでしょう。

それをひとくくりに「この自覚と誇りは、成人式を境に突然生まれるものではなく、成人式に至るまでの成長過程において、家庭や教育現場、行政、社会など、当人をとりまく環境の中で次第に培われていくものだと考えています。」と言い放ったことには驚きを禁じえません。

たとえいい加減な二十年を過ごしてきた者であっても、この式典を契機に、これではならない、もっとしっかりしなければという思いにさせる、それこそが成人式の式典としての意義だと思います。

この回答によって貴職の考え方は凡《おおよ》そ理解できました。子供は大人を映す鏡といいますが、大人が無責任ならば子供も無責任に、式典の主催者がこのような考え方ならば成人式もあのようになる、ということです。

しかし本当にそれで良いのでしょうか。「X市のこども達はX市の大人達が育てている」というのであれば、貴職もその大人の一員であり、自分の責任は自分で引き受けるという覚悟が必要です。貴職は新成人には責任を求めながら、ご自身は何ら責任を果たしていないということです。

X市の、また日本の将来を担う若者を育てるために成人式がどんな役割を果たすのか、首長としての貴職の役割と責任は何なのか、強く再考を求めます。

もし、いくら考えてもご自身の考えが正しいというのであれば、単なる税金の無駄使いに過ぎない成人式は来年以降中止すべきと考えます。

草々

市長宛駄目押しの手紙

この手紙に返事はなかった。そこで、成人式の準備が進められているに違いない十一月に、またあのような成人式にならないよう牽制球を市長に投げた。

【平成16年11月3日：X市長H宛】

拝啓　晩秋の候、ご健勝のこととお慶び申し上げます。

さて、昨年の成人式が余りにも無自覚、無節操な式典であったため貴職に改善を求めましたが、今年の式典はそれに輪をかけてひどく、改めて改善を求めました。その中で、単なる税金の無駄使いでしかないような式典であればいっそ廃止してはどうかと提案もしました。

もし来年もあのような無節操な式典を繰り返すようであれば、それは単なる税金の無駄使いのみならず、大人としての自覚を欠いた人間を世に送り出したという意味で、一種の犯罪行為でもあると思います。

貴職の成人式に対するお考えに対し私の意見は今年三月十四日発信の書簡で詳しく述べた

通りであり、ここで繰り返す積りはありませんが、最近ある学会誌に寄稿した小論のコピーを同封しますのでご一読ください。

新成人が未熟なのは親が悪い、学校が悪い、世間が悪いと自分の責任を転嫁する前に今の自分でできることは何かを問い、それを実行することが大事だと思います。

来年の成人式がこれまでの成人式の繰り返しにならないようにお願い致します。

敬具

三回目の成人式でよやく正常化

これまでのような成人式は税金の無駄。そんな成人式を繰り返すなら止めてしまえとまで言った私の発言がどこまで効いたかは不明だが、平成十七年の成人式では市当局が本腰を入れた。体育館に椅子が整然と並べられ、見覚えのある教育委員会事務局の職員が新成人を誘導して会場に入れ、会場に入った彼ら彼女らを前から順に着席するよう導いている様子が見て取れた。

着席することによって騒がしさは収まり、式典が始まる時には式典に相応しい静粛な雰囲気になった。市長の挨拶、来賓の挨拶の時もその雰囲気は変わらず、来賓挨拶に立った県会議員Hは「皆さんは素晴らしい。これ程落ち着いて静粛な成人式をこれまで見たことがない。今年の成人の皆さんは本当に素晴らしい」と最上級の褒め言葉を連発した。

やればできるのである。これまで市長や教育委員会は主催者の意識がなく、成人式の意義もろくに理解せず、新成人は大人だからという理由で丸投げし、その結果については見て見ぬ振りをするからあのような、荒れた、無残な成人式になってしまったのである。

もっとも市長や教育委員会にいわせれば、新成人は大人なのだからいちいち教育委員会が新成人を指導するのはおかしい、新成人に任せるのが本来の姿だというかもしれない。

事実、教育委員B（後に教育委員長）などは教育委員会の席上、教育委員会は義務教育については責任があるが、成人式に対する責任はない、と恥ずかしげもなく述べていた。成人式がどのように行われても、それは自分達の責任ではないという意識では主催者失格、教育委員失格である。

戦後の教育では個人の自主性を重んじるというお題目（建て前）を前面に押し立てて、義務教育段階でさえ子供達に人間としての基本を教え込まなかった。

子供のうちから大人と対等な人間として扱われては、子供には、子供と大人の違いが判らなくなる。未熟な大人が排出される所以である。

ところで、静粛な成人式ができてみると何か足りないものがあることに気付いた。開会にあたり国歌斉唱がなく、新成人代表の挨拶が余りに稚拙だったのだ。そこで社会教育課長に次の手紙を送った。

なぜ成人式で国歌斉唱しないのか

【平成17年1月12日：社会教育課長K宛】

前略

今年もX市の成人式を見学させて頂きました。昨年、一昨年と比べると見違えるような式典になりました。主催者がやろうと思えばいくらでも出来ることを証明したものと思います。県会議員Hが、過去五年間で最もよい成人式だと褒めていましたが、それは取りも直さず、過去五年間がいかにいい加減だったかの裏返しでもあります。

昨年十一月に貴職に口頭で成人式の改善を要望しましたが、貴職は、成人式に関し、議員さんは一般の人達から選ばれた人達なのでその意見は聞くが、一般の人から直接あれこれ言われてもいちいち聞く積もりはない。来年の成人式では椅子を出して着席させるが、それはお宅様（篠原）から言われたからではない、我々が考えて出すことにしたのだ、という趣旨の発言をしました。これは公職にある課長の発言としては大変子供じみていて問題ですが、今は問題にする積もりはありません。

それよりも、誰の意見にしろ、新成人を着席させて厳粛に成人式を行うことは当たり前のことであり、今年はそのようにして、従来よりは、はるかにマシな式典になったことは新成人のためにも良かったと思います。その分、過去五年間の成人式は一体何だったのか、新成人の自覚もなく二十歳の若者を世間に送り出した貴職の責任は重いと思います。勿論一番の責任は主催者たる市長にありますが、「一般の人から直接あれこれ言われてもいちいち聞く積もりはない」という傲慢な態度で現場の指揮に当った貴職にも大きな責任があったことは自覚して頂きたいと思います。

ところで、比較的静かな式典になればなったで、いろいろな問題点が気になりました。言い出せばきりがありませんので、今回は二点に絞ってお尋ねします。

まず、国歌斉唱がありませんでした。入学式でも卒業式でも式典では国歌斉唱から始めます。ましてこれから大人として国民の義務が課せられる新成人に、国民としての自覚を促す国歌斉唱から始めるのは常識と思います。それをなぜそれをしなかったのか、理由をお尋ね致します。

第二に、新成人の挨拶が極めて稚拙でした。特に、締めくくりで登壇した新成人代表の挨拶は余りに簡単すぎて、聞き手の新成人も拍子抜けでしたでしょうし、挨拶をしたご当人にしても不本意な結末だったろうと推測します。

新成人に多くを任せるのは結構ですが、多くの人を前にしての挨拶など普段したことも無いような新成人にはある程度大人がサポートし、少なくとも前日にリハーサルを何度かさせるくらいの配慮が必要だったのではないでしょうか。基本的なことも教えず、二十歳になったら後は自己責任だ、では大人が無責任すぎると思います。これから、X市としても恥ずかしくない式典を行ってゆくために、以上二点、貴職はどのようにお考えか、文書でお答えください。

草々

この質問状に対し教育部長Tより、一月二十四日付で木で鼻をくったような回答が届いた。教育部長Tの回答は概略以下の様だった。

『入学式や卒業式で壇上に国旗を掲げ、国歌を斉唱することは、国旗や国歌を尊重する態度を育てるためです。一方、成人式は、個々の新成人が権利と義務に自覚を持つ場であります。このような成人式の趣旨や意義を十分考慮し、X市では国歌斉唱を行っておりません』

成人式の意義ついての無理解、成人式に対する熱意のかけら、質問者に対する誠意のかけらさえ感じられない回答だった。そこでその回答に対する再質問状を発信した。

国歌斉唱のための戦いの始まり

【平成17年1月30日：教育部長T宛】

拝復

一月十二日付貴職下社会教育課長K宛質問状に対し、貴職よりご回答を頂きありがとうございました。ただし、木で鼻を括ったようなご返事で、教育に対する何の熱意も感じられず、これでは成人式もあの程度しかできないのかと妙に納得してしまいました。

しかし、そうばかりもいっていられませんので、以下に私の感想と今後の要望を述べておきます。

まず、国歌斉唱ですが、確かに学習指導要領では「入学式や卒業式などおいては、その意義をふまえ、国旗を掲揚するとともに、国歌を斉唱するよう指導するものとする」と書かれています。この意味を貴職は「国旗や国歌を尊重する態度を育てるため」と述べていますが、余りにも皮相的な解釈に失望しました。

平成十一年に国旗国歌法が制定されましたが、その審議の際当時の文部大臣は、学校教育における指導について「学校における国旗・国歌の指導は、児童生徒に我が国の国旗・国歌の意義を理解させせまして、そしてこれを尊重する態度を育てるとともに、諸外国の国旗と国歌も同様に尊重する態度を育てるということが重要なことでございます。学習指導要領に基づきます国旗・国歌の指導は、憲法，教育基本法に基づきまして、人格の完成を目指し、平和的な国家及び社会の形成者としての国民を育成することを目的として行っているものでございまして、憲法に定めております思想及び良心の自由を制約するものではないと考えております。」(平成十一年七月二十一日 衆議院内閣委員会文教委員会連合審査会 文部大臣) と述べています。

つまり、国旗を掲揚し国歌を斉唱するのは、人格の完成を目指し、平和的な国家及び社会の形成者としての国民を育成することなのであり、これを成人式で行うことは正に必要不可欠なことと思います。それを貴職は「……、個々の新成人が権利と義務に自覚を持つ場であります。このような成人式の趣旨や意義を十分考慮し、X市では国歌斉唱を行っておりません」と述べていますが、言っていることが矛盾していませんか。私が先の質問状でも書きましたように「これから大人として国民の義務が課せられる新成人に、国民としての自覚を促す」には国歌斉唱から始めるのが筋ではないかと思うのです。あるいは貴職には、成人式の趣旨や意義が十分お分かりになっていないのでしょうか。この点は是非貴職の一存ではなく、教育委員会でよく議論して頂きたいと思います。

貴職は「X市では国歌斉唱を行っておりません」と決め付けていますが、誰がそんなことを決めたのでしょうか。以前のX市の成人式では新成人には椅子を出して着席させていたはずですが、数年前からその椅子を出さないように変更した前例からも分かるように「X市では……しておりません」というもの言いは硬直したお役所仕事そのものであり、何の工夫もしようとせず、それが恥ずべきことであることすら分からない様子には正直なところ呆れました。

ちなみに近隣市町村ではどのようにやっているか調査してみてはいかがですか。過去五年間のX市のいい加減な成人式典に対し、貴職は責任を取る覚悟がありますか。責任を取る覚悟がないのなら、「X市では……しておりません」という思い上がったもの言いは今後二度としないようにしてください。

もし市長が、成人式に国歌を斉唱するのはなじまないといって禁じたのであれば、そのことをお知らせください。

次に新成人の挨拶について貴職は、「式典を円滑に進行させることを最優先とし、挨拶などの具体的な内容までは関与しておりません」とのことですが、このことも貴職の成人式の趣旨や意義の無理解からくるものと思います。

なによりも成人式は我々の税金を使って行う式典であり、中途半端な理解に基づいて、一部の人達が勝手にやってはならないということです。少なくとも実行委員や新成人代表には、成人式には費用が掛かるものであり、その費用は納税者によって賄われているものである、君たちは親のお陰で今日があるのであり、その親たち大人たちが費用を負担して祝ってくれるのだからその期待にこたえられるような式典にしようと、それくらいのことは、これから一人前の大人として扱われる彼らに教えてやってもいいのではないでしょうか。その辺りのことが双方きちんと理解できていれば、貴職も「あいさつなどの具体的な内容までは関与しておりません」などとは恥ずかしくて言えないでしょうし、新成人代表もあのようなお粗末な挨拶にはならなかったのではないでしょうか。課長K宛質問状にも書きましたが、「挨拶は余りに簡単すぎて、聞き手の新成人も拍子抜けでしたでしょうし、挨拶をしたご当人にしても不本意な結末だったろう」と思います。

成人式はなぜ教育委員会が主体となるかを考え、また、折角税金を投入して行う式典ですから、実りある式典になるようもう少し知恵を絞ってもらいたいと、納税者の一人として強く要望しておきます。

敬具

平成十七年一月の教育委員会で、その年の成人式が静粛に行われたことが話題になった。しかし、教育委員Bはその理由として、今年静かに行われたのは、この学年が中学校時代大人しかったからだと思う、と言う。これにも呆れた。彼には会場に椅子を並べて着席を促したことなどまるで眼中にないようだった。

彼が言うように、もしこの学年が中学校時代に大人しかったからといって、それが二十歳なっても変わらなく大人しいままなど有りえない。これが元校長の発言とは耳を疑った。

まっとうな社会教育委員の会の結論

例年教育委員会では、十二月の会議で社会教育課長より「社会教育委員会」で成人式は一月○○日何時から□□で行うことが決まりました、などの報告があり、教育委員会からはそれに対し何の意見も出なかった。私はこの席で初めて教育委員のほかに社会教育委員なるものの存在を知った。

社会教育委員とは「社会教育法」第十五条及び十七条によって、教育委員会が委嘱し、教育委員会に助言する任務の役職であることを後に知った。X市では社会教育委員の会を「社会教育委員会」と呼んでいた。

そこで社会教育課の担当者Tに頼んで社会教育委員会を傍聴させてもらうことにし、またその場で国歌斉唱の是非について議論するようにお願いした。社会教育委員会の委員は十名前後いたが、議論は（社会教育委員長の発言を除き）誠に当を得たものだった。この委員会を傍聴して、社会教育課長に以下の手紙を送った。

【平成17年11月14日：社会教育課長K宛】

前略

本日社会教育委員会を初めて傍聴しました。これまで貴職は例年十二月の教育委員会で、翌年の成人式は当該社会教育委員会の審議に基づいて実行していると説明していましたので、どのような議題をどのように審議しているのか興味を持っていましたが、この度の傍聴でほぼその実態を知ることができました。いろいろな議題がありましたが、当該書簡では来年の成人式に限定して感想をお伝えし、また、以下の点につき確認したいと思います。

今年の成人式は昨年までの成人式に比べ格段に静かになりましたが、社会教育委員長Rは「この数年段々おとなしくなってきた」などと、実態をまったく把握していないのには驚きました。しかも、一部騒ぐ新成人たちは中学校時代の恩師が来ていないことが原因だ、などと断定していましたが、これにも呆れました。何を根拠にこのような出鱈目を話すのか、私の昨年の観察では恩師と思われる大人が、市長や来賓が挨拶している最中に新成人の輪に加わり、新成人たちを並ばせて記念写真を撮っていたりするのを目撃しました。委員Nより、今年静かになったのは椅子を出して座らせたからだと指摘されるまで、社会教育委員長はそれすら気がつかなかったようであり、そのことから、今年から椅子を出して着席させるようになったのは、当該委員会で決めたことではないことも明らかになりました。

さて、職員Tより、今成人式の実行委員会で問題になっていることが四つある、①記念品、②プログラムの内容、③実行委員の選び方、④国歌斉唱、の四つだと提起されました。

ここでは国歌斉唱についてのみ取り上げます。この件についても当初社会教育委員長は、実行委員会に任せればよい、というような発言をしていましたが、副委員長T（X中校長）より国歌斉唱は式典に関するものである、式典は行政が行うもの、であるから実行委員会の問題ではない、市が判断することだ、という誠に当を得た発言がありました。また、委員Kからは、式典は市の主催であるから実行委員会に任せるのはおかしい、それとも（結論を）実行委員会に任せて市は逃げるのか、という発言もあり、これも的を射た発言と思いました。

また、委員Hからは「なぜ国歌斉唱が問題なのか分からない」という発言があり、その趣旨は、式典で国家斉唱をするのは当たり前ではないかということでした。これらの発言を通して分かったことは、これまで当委員会では成人式で国歌斉唱をすることが議題にも上らなかったことであり、そのような大事なことを議題にもしなかった貴職の責任は大きいということです。ただし、これは貴職一人の責任に留まらず、国歌斉唱についての私の質問状に対し、「入学式や卒業式などにおける国歌斉唱については、学習指導要領で定められており、国旗や国歌を尊重する態度を育てるために行われております。一方、成人式とは、成人の新しい門出を祝福するとともに、個々の新成人が権利と義務に自覚を持つ場であります。このような成人式の趣旨や意義を十分考慮し、X市では国歌斉唱を行っておりません。」（平成十七年一月二十四日付）と、社会教育委員会に諮ることなく断定した教育部長Tにより大きな責任があります。

その後、国歌斉唱について出席委員全員の意見聴取がありましたが、各委員の発言は以下の通りでした。

副委員長T「気持ちとしては、国歌斉唱はしてもらいたい」

委員W「これからの国際情勢を考えれば愛国心が必要であり、国歌斉唱はすべきである」

委員H「小学生は国歌の意味は分からないかも知れないが（新成人は当然理解できる年齢であり）歌うのはよいことだ。わざわざ歌わないという必要はない」

委員K「歌った方がよい。ただ、なぜ歌うのかは（新成人に）分からせる必要がある」

委員Y「個人的には国歌は歌うべきと思う。いつから止めたのか」

委員T「行政の主催である式典では当然に歌うべき」

委員N「皆さんの意向に異存はない」

（委員Fと委員Qは休憩後所用で退席し、不在でした。）

このように出席委員は全員、式典で国歌は歌うべきという、至極常識的な意見でした。この結論に対し実行委員会に諮ってから歌うべきという、蒸し返しの意見もありましたが、このようなことを怖がっていては何もできない、という委員Kの意見で決着したように思います。

議論の中で、サッカーの試合やオリンピックでは国歌斉唱は当たり前なのに、成人式で国歌を歌ってなぜ悪いのかという発言もありましたように、委員の皆さんのご意見は至極もっともでした。

日本社会、特に日本の教育界は戦後六十年、日教組による左翼思想に支配され、また朝日新聞に代表される偏向左翼メデアに大きな影響を受け、ますます複雑化する国際社会で子供達をどう逞しく育てるかよりも、彼らから攻撃されないこと、彼らと摩擦を起こさないことを最優先にしてきたように思われます。それはX市教育委員会も同じです。

この度の社会教育委員会の結論を受けて、来年の成人式はより一層新成人に大人としての自覚を持たせ、日本人としての誇りを持たせられる式典にして頂きたいと思います。

それが貴職に課せられた責務であると思います。

草々

立派なX中学校長

教育委員会の無責任な議論を聞いてきた私にとって社会教育委員会の議論は誠に立派だったので、副委員長T宛に感想を以下のように書いて送った。

【平成17年11月20日：X中学校長T宛】

前略

過日は社会教育委員会で思いがけずお目にかかりました。私は、常々教育に強い関心がありますが、特に近年の成人式には非常に違和感をもっていましたので、先般社会教育委員会を傍聴し、来年の成人式が後戻りしないように監視を続けています。

それにしても社会教育委員長のいい加減さにはホトホト呆れました。成人式で恩師の来なかったクラスの新成人ほど騒ぐという話は何の根拠もないように思います。むしろ恩師の来たクラスの方が恩師も一緒になって騒ぐ分、騒々しくなるように思われます。

それにしても先生の国歌に関するお説は誠にもっともであり、X市の委員会でこのような正論を聞くのは初めてのような気がします。社会教育委員たちのご意見もまことに立派で、ひとり委員長のみの未熟さ、稚拙さが気になりました。このような人物が表彰される（筆者

注：当該会議の冒頭委員長Nは、（永年の教育への貢献という名目で表彰状を授与された）ことも異常と言わざるを得ません。

成人式で国歌斉唱をすることはごく当たり前のことであり、来年はそれが実現することを期待して、添付一の手紙（注：前掲平成十七年十一月十四日付）を教育委員会の社会教育課長宛に送っておきました。

また先般の、躾《しつけ》のできていない中学生の問題についても、出来れば年内に一度お訪ねして意見交換したいと思っていますが、ご都合はいかがでしょうか。

なお、ご参考までにX市の成人式正常化の経緯を日本リスクマネジメント学会の会報に書きましたので、コピーを同封します。

また成人式とは直接関係ありませんが、昨年拓殖大学の公開講座で話したものの詳録を同封します。お暇な時にお読み頂ければ幸甚です。

草々

添付一：十一月十四日付社会教育課長K宛書簡
二：「成人式に見る大人の怠慢」（日本リスクマネジメント学会会報）
三：「IT社会におけるリスクマネジメント」（拓大公開講座詳録）

国歌斉唱を先送りした教育委員長と教育長

このようにして社会教育委員会では全会一致で成人式には国歌斉唱すべきとの結論に至ったので、来年からは国歌斉唱も出来ると喜んだのもつかの間、肝心の教育委員会がそれを拒否したのである。

それまでの教育委員会は成人式開催については社会教育委員会に丸投げしていて、同委員会の結論には一切口を差し挟まなかった。ところが平成十七年十二月の教育委員会では、国歌斉唱が含まれていたことに待ったを掛けたのだ。教育には素人の教育委員は国歌斉唱に賛成したが、教育長と教育委員長が拒否して、それが結論になってしまった。

少し長いが、その時の成人式と国歌斉唱に関する議事録を紹介する。教育委員長と教育長の発言に特に注目して頂きたい。

【平成17年12月26日の教育委員会議事録（部分）】

（前略）

教育長C　社会教育委員会会議資料七に今後の課題として（四）国歌斉唱の実施があり、社会教育委員会では多くの方が国歌斉唱の実施に賛成した。今年の式次第に入れるかどうかについて協議願いたい旨の提案がなされた。

委員長B　教育委員会として今まで国歌斉唱について協議はしていません。十七年は整然と行われたが、それ以前は騒然としていた。出席者が初めて成人式に出るので懐かしさが先にたち自分達のおしゃべりに集中するような場で国歌斉唱ができるのかどうかという危惧の念が先に立ち、そのような成人式では国歌斉唱は無理ではないかという印象が強かったのが現状です。四年間見てきて、三年間は騒然としていたが、今年は静かに成人式に参加してくれたという印象です。それ以前の成人式については、知らないので、委員Dさんに話していただいて進めて行きたいと思います。

委員D　一九九九年一月の成人式からですが、初めは着席でしたが、テーブルを囲む立食形式に変わり、去年は着席の形に戻りました。その年の成人の方達がどんな人達かは予測のしようが無い。教育委員会は継続して実施しているので改善できるが、成人の方達は毎年変わるので反省点を改善しようが無い。最初の着席形式が立派な式典だったかというと、そうも言えない。成人の方達の状態がどうであるかはやってみなければ分からないし、成人の方達がどんなふうな形に集まってくるかはかなり未定な部分が多いのかなというふうに見ていました。

委員長B　教育長、委員F、委員Gは新しく就任され五人中三人は公式の立場で成人式をご覧になるのが初めてなので、委員Dさんにお聞きしました。これまでの委員会でなぜ国歌斉唱の問題が起きなかったかというと、混乱した印象が非常に強かったことと私個人としては教職に在ったとき、国旗国歌を管理職として県の指導の下に「やるべし」という命を受け、国旗国歌を行いました。その頃は職員団体から「日の丸は血塗られた戦争の歴史的象徴であり、君が代は血にまみれた汚辱の歴史を想起させ国歌としてふさわしくない。しかも法律的に認められていない」と激しい攻撃を受けました。担当は社会教育（委員会）ですが、成人式の主催は市であり、あくまでも市の行事。学校のように指導権限は無い。社会教育の方も実行委員には会っているが、その他の方達は会場で初めて会う。学校と違い指導しにくい。今年は実行委員の言うことを聞いたが、その前は惨憺たる状況だった。そのような状況を見ていると、国歌を歌わない、そっぽを向く、喋っている等の状況が頭を過り、教育委員会に提議できなかった。社会教育委員会議からは今後の課題として出されたが、この問題については初めて教育委員会に話題として教育長から出された。市の主催なので、今までの市の行事でどうだったのか、各市町村の動向がどうなのか、情報を収集してこの問題について真剣に考えていきたいと思う。現時点でどうするかは、もう少し考慮していきたいという考えを持っている。新しく教育委員になられたか方のご意見をお伺いしたいと思う。

委員G　成人式、卒業式、入学式の当事者達の温度差があると思う。成人式を企画運営する側の気持ちと集まってくる成人達の気持ちにずれがあると思う。成人の主張ができる考えを持って集まればそれなりの式になる。ほとんどが同窓会気分でくるので、がやがやするのは仕方ない。そのような中で、成人とはどのような意味合いをもつのかということをそれぞれが自覚した中で行われれば良いかもしれない。法律で定められた事であり、これから社会に出て、世界に通用する立場で活躍してもらうことを考えると、国歌国旗というものは一つの旗印であり、日本人の誇りとして感じてもらいたいということがある。

委員F　皆が日本人で良かったと言えるような立場の中で歌が歌えれば良いと思う。小学校、中学校は、国旗国歌は指導ということで、統一して営まれるが、成人式はそれぞれの気持ちに託すわけですから、難しいところがあるかもしれない。

委員G　当然国歌を歌っていると思っていた。社会の状況により成人の意識の波があったのではないか。静かに整然とした中で国歌を歌うことは悪いことではない。今までで、テレビで見るような荒れたことは無かったか。

委員D　一昨年はにぎやかな集団がいた。大きな騒ぎにはならないが全体としては騒然としている。

委員G　企画をして進めていく力量にかかっている所が大きいと思う。

社会教育課長K　平成十七年一月の成人式は最初に十分間祝い太鼓の演奏をしていただきました。始まって五分程度ざわつきがありましたが、和太鼓の音でお喋りは止みました。X市の成人式に二十三年間携わった社会教育課の職員が、「二十三年間見てきたが、今年の成人式は静かでした。みんな良く座ってくれた。」と言っていました。反省点も有りますが、上手く出来たのではないかと思います。

委員長B　学校は指導が出来る場ですが、成人式はそういう場ではない。市の主催の下に祝いの場を設けているという場です。実行委員会方式にしたのは、命令的なものを薄めて、祝う会なので、自分達で協力し合って進めていくためと思う。自発的な場に市が協力しているものなので、学校とは別な場です。成人式は市の主催の行事で担当が教育委員会なので、市の他の行事も関係してくる。成人式は同窓会的なもので、にぎやかな状態。私達は、そのような騒然とした場で上手くいくかどうか、国旗の方を向いて歌ってくれるかを心配している。今年は二十三年間で一番良かったから、来年がそのようになるかどうか、まったく予想はつかない。自分自身学校教育で推進してきたので　反対ではないが、心配の方が先に立つわけです。

教育長C　私の心配は、今日、国歌斉唱が決まり、成人式に国歌斉唱を加えた場合に起こる事態です。多くの方が集まり、いろいろな考え方がある成人式で、予告無しに今までと違うことをすると、「事前に何の説明も無く、いったい、何なのか」ということになる。手続き的な点で時間が無さすぎて、多くの方から指摘を受けることを心配している。私は成人式で国歌を歌うことは国際的な感覚から言うとあるべきことと思う。国際人を育成することからも自分の国の国旗や国歌を大切にし、お互いの物を大事にする精神を育てていかなければならない。私が心配しているのは、手続き的なことです。事前に市長部局に話をしていないし、通常は大きな変更が有る場合は議員さんに説明をする。私としては来年は難しいと思う。

委員G　様子を見させてもらえれば状況が分り判断できるので有りがたいと思う。

教育長C　市の行事とも関係するということですが、学校ではきちんと行っている。市制三十周年の時は、国歌斉唱は無かったそうです。公民館の二十周年の時は行ったそうです。次第を変えるとなると、周知しなければならない。

委員F　六ページの質疑応答に埼葛地区の十六市町の内九市町が実施しているが継続的

に行っているのか。

社会教育課長K　いつ頃から始めたかは調べていませんので、この場ではお答えできません。

委員F　やる方向になってきたのか。

委員長B　私達もこの問題について取り上げたのは今回初めてです。他市町の経過・状況については情報はありません。市の行事であり新しく入れるので手続きが必要。国歌斉唱に反対ではないが、やるからにはちゃんとやりたいので、了解を得、市の手続きをしっかりして実施できれば良いのではないかと思う。いろんな資料を精査し正式に決定できればと思う。八月頃から実行委員会の組織作りが始まり、来年の成人式に向けて動いていくようですので、それまでに結論を出し十九年からとするのが望ましい。一回成人式を見てほしいというのが私の考えです。

委員F　突然やってもその場では混乱は起きないような気がします。その後でいろいろ起きるのでは。

委員長B　今回は資料六にあるようにやっていただき、教育長、委員さんには成人式の状況を見ていただきたい。実行委員会は八月招集ですか。

社会教育課長K　広報で八月に募集し九月頃からスタートします。例年中学校三年生の恩師に来ていただいています。今年は小学校六年生の時の恩師の方もお願いいたしました。現在恩師の先生が十四名来ていただけます。

埼玉県内の実施日は、二十九市町村が一月九日(月)、四十六市町村が一月八日(日)、その他が三市町。X市は以前から成人の日に実施しています。例年、成人の皆様へのアンケート、保護者の皆様へのアンケートを実施しています。成人式を月曜日では無く日曜日に実施してほしいという意見もある。今回の成人式でアンケートを実施し情報を収集し、委員の皆様に提供し、一つの方向性を出していただければありがたいと思います。

委員長B　今回の成人式の状況を十分見ていただいて、この問題については討議し、決定していきたいと思います。よろしいですか。

各委員了承。

委員長B　今回は従来どおりの形で実施いたします。

(後略)

この議事録を読む限りは穏やかに議論をしたように見えるが、冒頭委員長Bは、この議事録は予め事務局に依頼して一部訂正していることを告白した。会議で発言して都合の悪いことを後で訂正削除して議事録に残さないようにすることは、これまでもよく行われていた。

事実、この時の議論では（成人式で国歌斉唱をして）「共産党議員に議会で追求されたらどうするんだ」、市長部局から「何なんだ」と言われたらどうするなどとして、日頃教育委員の見識云々を声高に誇示する姿勢は微塵も無く、保身を最優先する発言が相ついだ。もし、教育についての確固たる信念、見識があれば簡単に出る結論を、延々と先延ばしする議論に終始しただけだった。元校長の教育委員にあるのは、戦後民主主義が深く身に沁みていることが分かるだけだった。

このことについて、帰宅すると直ぐに、教育委員長B宛に以下の手紙を送った。

【平成17年12月26日：教育委員長B宛】

前略

私は貴教育委員会の傍聴を始めて五年になりますが、失望させられることが多々あります。本日もその例外ではありませんでした。

例年成人式についてては十二月の定例会で社会教育課長より、成人式に関する社会教育委員会の決定なるものが報告され、何ら議論することなくそれを受けいれていました。今回は社会教育委員会より成人式で国歌斉唱をすべき、との決定を受けて成人式での国歌斉唱の是非が議題になりました。

貴職も自ら認めた通り従来の教育委員会は成人式に関しては社会教育委員会に丸投げしていて、怠慢の誹《そし》りは免れません。特に、成人式は毎年の新成人が異なるのだから成人式が騒然とするか静粛になるかはその年の新成人によって異なる、という認識には正直なところ呆れ果てました。

私は一昨年初めて成人式を参観し、余りの騒々しさと主催者の無責任さには驚愕し、何度も市長に文書で改善を要望しましたが、今日の議論を傍聴して、貴職には騒々しい成人式は改善しなければ、という意識の微塵もないことが分かりました。確かに成人式は義務教育とは異なりますが、教育委員会が主催者の一翼を担っている限り、教育委員が改善の意欲を示すのが当然の義務と思っていましたが、そのような認識すらないとなれば、怠慢というよりも義務の放棄といってもよいように思います。

さて、本題ですが、社会教育委員会が成人式では国家斉唱をすべき、との結論に至ったのに対し貴教育委員会は貴職の主導で、来年は見合わせるという結論に誘導しました。その理由として、かつて貴職が教職にあった頃県の指導で国歌斉唱をしたところ教職員から非難された経験がある、成人式は市の主催だから教育委員会にそれを決める権限はない、成人式は指導の場ではないお祝いの場である、国歌は自発的に歌うものであり、（成人式という場で歌って）大丈夫かなという心配がある、等々をあげました。

一方教育長Cは、予想される事態として関係筋（市長部局、議員）から「何なんだ」と言われる心配がある、手続的な点で問題がある、などとして貴職も教育長も教育委員としての責務の原点を蔑《ないがし》ろにして、この件に関する見識の一片も語りませんでした。ご両人とも、個人的には式典で国歌を斉唱するのは当然だと逃げ口上を述べていましたが、教育委員会の見解として来年の成人式で国歌斉唱をするのかしないのか、その理由は斯く斯く云々、とするのが与えられた責務だと思うのですが、根本的な議論を避け、その意味では教育委員としては失格だと思います。

貴職はかつて、自分は教育委員になりたくてなったわけではない（頼まれたから仕方なくやっているのだ）と発言したことがありましたが、そのような認識を今もお持ちなら、X市のため、教育界のためにも辞任されることをお薦めします。

現在日本では、高校生も含め子供達からは規律が欠落し、犯罪が多発していますが、その原因は大人の事なかれ主義、問題の先送り、今だけを凌ごうとするご都合主義の蔓延などが大きいと思いますが、貴教育委員会自体正にその体質そのものであり、これでは子供の指導などできるわけがないと思います。

この問題については時間が無さ過ぎるという意見も聞かれましたが、貴職や教育長に自覚があればこの問題は今急に浮上してきたわけではなく、言い訳にはなりません。事務方から上がってきたことだけを話し合っていればそれで責務は果たせたわけではないことを、肝に銘じてくださるように要望致します。

取り急ぎ本日の感想をお送り致します。

草々

かなりきつい言葉で教育委員長の事なかれ主義、無節操を批判したが何の反応もなかった。

平成十八年一月の教育委員会で初めて成人式のことが議題にのぼり、来年の成人式の実行委員（新成人から公募）が八月に選ばれるのを確認して、それまでに教育委員会として国歌斉唱問題の結論を出すことを申し合わせた。

国歌斉唱の決定に至る八月の会議

一月に決めたように、八月の教育委員会で、成人式に国歌斉唱するかどうかの議論が行われた。教育委員が、国家観、成人式の意義をしっかり理解していれば何ということは無いテーマに、延々と時間を掛けて議論した。教育委員会の事なかれ主義、無責任、主体性のなさが良く分かる議論なので、少し長いが紹介する。これが教育委員会の実態である。

【平成18年8月28日：成人式と国歌斉唱の教育委員会議事録】

（前略）

社会教育課長K　平成十七年の成人式については、国民の祝日に実施した市町村が三十九市町村、前日の日曜日に実施した市町村が四十七市町村、一月十二日に実施した市が一市という状況です。月曜日よりも日曜日という意見もあるが、今年の成人式が終了した段階で来年の開催日等の問い合わせがあります。そういった関係で来年も国民の祝日にやる状況です。

委員長B　成人式を行う主体は各市町村となる。主催者は市であり、担当は教育委員会、実際は社会教育課が実施している。教育委員会、その他関連する方々が主催者側に出席する。新成人は住民台帳を基に案内を出しているのか。

社会教育課長K　例年十二月現在の住民基本台帳を基に該当者に案内を出している。X市に住民登録されてない方もいる。X市の成人式に出席を希望する方には、別の受付を設けて対応している。

委員長B　大半の方はX市内の中学校を卒業された方だが、そうではない方も参加を希望している。主催者側と新成人の関係だが、学校を例にとると、入学式、卒業式、記念式典の行事は学習指導要領に位置付けられている。どこでもリハーサルをやり指導ができる。しかし、成人式は、式という名前は付いているが、実施主体の市と新成人の関係は一日限り。実行委員以外は、初めてその場に来て式に出席する。それまでは、実施主体である市と新成人は直接の関係はないと認識している。指導する側と指導される側という関係ではない。新成人はX市の中学校を出てほとんどは高校に行き、高校を卒業し、大学、専門学校あるいは既に就職している人もいる。新成人が決まりに従って行動しているのは大学、短大、専門学校、会社、それぞれが学則、社則等に従って行動する。X市で行う成人式において新成人は、主催者である市との関係を見ると、上下関係はまったく無い。

その日に任意で出席するわけです。出席しなければいけない義務は無い。その日にその場で顔を合わせ式を終えて、大多数は同窓会・クラス会のようなことをして、成人式が終わった後解散する。

X市の場合、昨年、一昨年は静粛に行われた。三年位前は、かなりにぎやかで、厳粛とは言い難い雰囲気の中で行われた。式の形式も雑談等し易い雰囲気だった気がする。昨年、一昨年は席を設け座っていた。全国的に成人式というと荒れる傾向が完全に無くなったわけではない。

その一つの原因は、指導する、指導される立場ではないということです。その日に来て初めて会場に入り、終われば元の大学、専門学校、短大、会社に戻る状況です。七百何人というかなりの大勢を対象としなければならない。しかも、学校のように予行等は一切無く、終われば市との関係はまったく無くなるわけです。この辺をはっきりしておかないと、なぜ成人式が各地で混乱していたかというと、はっきり言えば新成人の自覚に待つしかない。主催者側も注意はするがそれ以上はできない状況。私がこれを言うのは式次第を変更する場合に、新成人の自覚の程度によって、起立し歌ってくれるのかどうか、学校の場合は事前に練習しているので、小学校中学校の卒業式は真に見事です。感動を覚えるが、これは事前に準備をして指導をしているからです。そういう意味合いから言うと、成人式は、式という名前がついているから、厳粛に行われるべきだが、学習指導要領の範疇外のものなので、その意味での拘束力は無いという事です。その辺を認識しておく必要があるのではないか。

私自身もこの問題を取り上げる時に、考えてみて、今までは漫然と見てきたが、自分に関わる事となると、いったい成人式とは何だろうかと。意味は十分ある、昔からの元服とか、古代から年齢は違うが、祝うという事は非常に大切なことです。新成人の中には、意味を考えることなしに、野次を飛ばしたり、騒動を撒き散らす者が一部にある。注意は促せてもそれ以上の行動は難しい。現実に主催者側としては、つまみ出して、うるさいから出て行けとは言えない。ある県では知事が怒鳴った所もある。成人式について、今までやってきたから、予算を取ってあるから、という事ではなく考えることも必要ではないかと思ったわけですが、いかがでしょうか。

委員G　通過儀礼という事がある。日本の文化の中では通過儀礼というものは非常に大事にされてきた。その中に入学式もあれば、卒業式もあり、様々な催しがある。そう考えると、赤ちゃんでも成人でも社会の一員として受け入れられる、そして、共に喜んでいくことが一番大事なことだと思う。残念なことに成人式を見ていると、一部ではふざけて迷惑をかけているという事が時々報道されている。あれを見て、よくやったと思っているのは、同類の者かごく一部だと思う。ほとんどの人が「またやっているよ」という見方で見ている。そういうことを考えると、成人式は成人式なりの自覚を持って社会の一員としてこれからやっていこうというような旅立ちの場にしてもらいたい。また、お祝いする方もされる方もそういった気持ちでその場に出席することが一番大事と思う。

委員F　荒れている成人式に参加した経験が無いので何とも言えない。一部の成人には自分を目立たそうという意識でやって、ある一部の人が同調するのではないかと思う。

大多数の人は、成人のお祝いをしてくれるのであればセレモニーでは問題が起こることは無いと思う。

委員長B　成人を祝う日が必要であるという事は誰も異を唱えないことで、その点については問題無い。教育長さんいかがですか。

教育長C　成人になる時点で社会人になる認識・自覚を改めて時間を設けて、皆で祝ってあげるという式だろうと思う。当然市がやる以外にやる人はいないと思う。市がやるべき式だと思う。教育委員会が担当になっている。どこが担当になるにしても市がやるべき性格のものだと思う。

整然と行われるかどうかは、まさにそこに集まった人たちの認識、自覚に大きく左右される。あるいは、時代の風潮もあろうかと思われる。いろいろ工夫もあって去年一昨年と落ち着いた式ができた。今後もそのようにできるのではないかと思う。

委員長B　成人式の意義は十分理解していると思う。問題は新成人の自覚と現在の社会風潮。

これらに左右されて一部自覚無き行動に出る者もいる。ただし、X市の場合この二年間は静粛に行われた。ただ私も見ていて、あるいはテレビ等を見ていて、こんなことで良いのか、それを指導するにしても限界があり学校とは違う。彼らを指導するのは、大学、専門学校、会社、あるいは家庭です。

成人式のような場に出た場合は節度を持って行動するという事を教えなければいけないが、残念ながら十分な指導が行われているのかどうかという事です。そのような状況の中で、どのようにしたら一番彼らに自覚を促し相応《ふさわ》しい式にできるかという事だと思う。成人式については、そんなようなところだと思う。今実行委員会という方式をとっているが、実行委員会を設けるに至った経過の説明をお願いしたい。

社会教育課長K　昭和五十年代一九七五年頃、その当時は、市（教育委員会）の主催で君が代の斉唱は全員起立で行われていた。

昭和六十年代に入り、教育委員会の指導から、成人者の代表者会を開催し意見等を参酌しました。昭和六十二年頃君が代の斉唱から市民歌の斉唱に変更されたようです。なお、市民歌の斉唱については平成十二年の一月の成人式まで行われていた。今現在は平成十三年の成人式から実行委員会形式の中で至っている状況です。

委員長B　最初の時点では式次第に君が代の斉唱は入っていた。実行委員会方式になってから、市民歌に移り、市民歌も式次第から無くなってしまった。その背景は分かりません。

教育委員会としてではなく実行委員会の考え方を主にするということで君が代が無くなり、市民歌も無くなっていった。私も六十年代はまだ在職中です。当時は、そういうものに反対する風潮が現場においてはあった。そういうことに影響を受けて、実行委員から提唱があって無くなってしまったのかと思う。一度消えてしまったものを復活するかどうかがこれからの議論の主体になる。何かを変えていく場合には、それなりの理由付けが必要である。本来であれば、なぜ無くなってしまったのかということを知りたいが、その辺は明らかでない。

この問題については、担当という事で教育委員会が考えなければいけない問題なので今日取り上げた。気がかりなのは、教育委員会と実行委員会との関係はどうなのかということ。今、募集しているという事だが、実行委員会が招集された段階で、教育委員会が提示した時に、実行委員会がどうなのか。実行委員会の提案で無くなった印象を受けているが、もし、実行委員会で意見が出たらどうするか。

卒業式の私の経験で再三言われたのは、卒業式は生徒のものである、（、、は筆者）だから生徒の意見を尊重して運営すべきだということを強く言われた。当時は君が代、日の丸についての法律の制定は無かったので、学校長として式運営については学習指導要領に基づいてやるということで実行してきた。
新成人と市の関係はどうかとなると、学校よりはるかに関係は薄い。大半が当日顔を合わせる。終わると次ぎの日からは全く無関係になり、指導する、指導される立場には無い。このような場合、どこまで強制力を持ちえるか。指示に従って立派にやってくれるのかどうか、それだけの自覚を持って彼らが参加してくれるのかどうかについては心配な面がある。この問題については、どうでしょうか。

委員Ｆ　国歌斉唱をした方が良いという理由が相手に理解できるようにしなければいけない。

委員長Ｂ　説明をして、実行委員会で異議が出なければやっていくことはできる。実行委員会は今募集していて、これから組織される。実行委員も希望者ですか。

社会教育課長Ｋ　そうです。

委員長Ｂ　成人式に参加するのも、任意ですね。出欠の返事はとるのか。

社会教育課長Ｋ　案内を通知します。

委員長B　何人集まるかは、いつ分るか。

社会教育課長K　当日です。

委員長B　パルシーという大きな施設が出来たのでゆとりを持って出来るが、それ以前は何処でやっていたのか。

社会教育課長K　中央小学校の体育館です。実行委員会は来月末に開催予定ですが、昨年の第一回実行委員会開催の時に、行政の指導の中で市の式典をしっかり行ってもらうためにオープニング、挨拶等を具体的に提示しました。しかし、実行委員会がスタートしたので、皆さんで式典後の様々なアトラクションは皆さんの意見を集約して、より良い思い出に残る成人式にしようとお願いしています。行政の役割をしっかり説明しながら実行委員の皆さんに理解いただき、お互い一つの共同作業を進めながらより良い成人式が出来れば望ましいと思う。

委員長B　今日の目的は、成人式の式次第の中に国歌斉唱を入れるかどうかです。それを委員会で決めたら、実行委員会に提示し、了承を求める。了承を求めるのかどうか、このへんも疑問です。主催は市です。決定に従ってやってほしいと、これなら国歌斉唱が消えることは無かった。市が主導し入っていたものが、なぜ消えたのか。市民歌まで消えてしまった。

その辺の経緯が分からないが、教育委員会が決めて、実行委員の中の強力な発言をもつ人が、私は歌いたくないと言ったことも考えられる。新聞等を見ると、頑固に国歌斉唱は認めないと言う人もいる。毎日新聞では、六十七歳の定時制を出た方は断固として歌わなかったという記事があった。そういう場合、教育委員会が主体性をもっているなら、たとえ実行委員会が削るべきだと言っても、X市が主体なので残して良かったのではないか。なぜ、市民歌まで消えてしまったのか、その辺が明らかでない。実行委員会が出来た段階で、彼らの意見を聴いて、国歌斉唱を入れないという意見が出ないと信じているが、もし入れないという意見が出た場合は、再度教育委員会で、実行委員会でこういう提案があったという事で、再討議をすべきなのかどうか、あるいは、今日の教育委員会が決めて、そのまま実施することで良いのかどうか。やっていたことが無くなったという事が、私としては不思議です。教育委員会では、意味があり定例的に行っていることはそのまま継続するのが当然だと思う。実行委員会と教育委員会の関係は、いったい何なのかという疑問がある。

ここで私達が「やると決めた場合」、実行委員からどんな意見が出るか分らない。上下関係というか、市主体にやるのだから、従いなさいと言えるのかどうか。学校の場合は、学校長が県教委の命を受けて実施したが、かなり反対はされた。猛烈な激しい反対、ただし、管理職としては「やります」という事で、徹夜の討議を何週間もやる。国歌斉唱の時は、自分自身は立って歌っているので後ろを振り向けないので、後ろの職員、生徒が立ったかは分らない。それを確認するには、東京都のように指導主事等を派遣して監視しなければいけない。これからX市が国歌斉唱をする場合に、起立しない場合に指導できるのか、学校と違う状況にあると思う。

委員F　歌いたくない人は歌わなくても良いんでしょ。

委員長B　問題はそこなんです。戸田市のように来賓の中に立たない人がいた。

委員F　それもしょうがないでしょう。

委員長B　そういう認識ならいいんですが、私がくどくど言っているのはそのへんなんです。過去において成人式が大荒れに荒れたが、どういう方法が主催者側にあったか、当日にならないと分からない。強制的に市が連れ出すような手段をとれるのかどうか。どこの市も悩んでいるのは、その辺ではないか。

委員F　それで騒ぐわけですね。

委員長B　分かりません。暫く国歌斉唱をやってないですから。国歌斉唱した時に、正しくは起立し国旗に向かってしっかりと歌うべきです。

委員F　座っていることが、その人は拒否していると皆に分かれば、その人はそれでいいのではないか。

委員長B　そういう認識でいくなら、それで結構だと思う。なぜこのような話をしたかというと、主催者と新成人との関係です。任意に参加した新成人に、市が強制力をもてるかという事です。個人の信念で立たない者がいたら、それは結構ですというなら、議論する必要は無い。

教育長C　成人式の前半の開会、国歌斉唱、主催者・来賓の挨拶等については、公的に市がお祝いする部分、後半のアトラクションは自らが祝う部分という意味合いと思う。後半は実行委員会でやっていただくという働きかけをすると思う。従って、国歌斉唱を入れるか入れないかは、実行委員会に「入れます」と言えばいいと思う。中には、行かないという人がいるかもしれないが、それは仕方が無い。「入れます」と言って、「行かない」と言われて、やめますと言うわけにはいかない。「歌う、歌わない、立つ、立たない」は、戸田市のように、本来の在り方があるが、どうしても「しない」という人が居るのも事実ですので、その人を強制的に立たせることは出来ないと思う。県知事、県教育長の答えも「お願いは出来るが、強制は出来ない。」というのが見解だったと思う。私も、そう思う。国歌斉唱で、「皆さん、ご起立ください。」と言って、立たない場合に、立つようにいう事は出来ないと思う。

委員長B　私が在職中は、法律として制定されていなかった。一九九九年、平成十一年の二月に広島県の校長の自殺がきっかけとなり、一九九九年、平成十一年の八月に君が代を国歌、日の丸を国旗とする法案が通り法的に位置付けされた。私の場合はこの法律があればあんなに苦しまなくて済んだと思う。学習指導要領だけでは、どうしても弱い。このような経緯があるのでこれにこだわっている。今回は、はっきり法律で制定されている。そして、新成人が公民として行動するには、日本国民としての自覚を持たなければいけない。そのためには、人によっては君が代を認めない人もいるが、法的に承認された君が代を歌って、国民としての自覚を持つという事は必要ではないかと思うので、私自身はこれを入れることは賛成です。ただし、強制的に立たせられるかどうか、内閣も強制するものではないと言った、東京都は違っていたが。私が現職の頃は埼玉県の場合は、そこまで強力な支援体制は無く、校長が孤軍奮闘、かなり孤立感を味わったのは事実です。そういう場面を考えると、全員が素直に、成人になったことを自覚をもってやってくれるのであれば、入れるべきであると思っている。

教育長C　入れるべきとは申したが、反対の方もいる。そういう方は、今まで無かったのになぜ入れるのか、理由は何ですか、その辺が話題になると思う。それをどう説明するか。背景としては、社会教育委員会の意見に基づくのが一つのきっかけとしている。

社会教育課長K　社会教育委員の皆さんの意見を聴きながら、最終的には昨年のとおりです。

委員長B　これは教育委員会が決めるべき問題であり、社会教育委員会で出た意見は参考にするという事で、私達が主体的に決めるべきものである。これを式次第に入れることについて、ご意見ありますか。

委員G　ありませんが、資料の中で宮代町と栗橋町の国歌の後に、（実行委員）とあるが、ここを聞きたい。

社会教育課長K　宮代町と栗橋町に確認しました。実行委員の皆さんが前に出て他の人も一緒に国歌斉唱をするという事です。実行委員の皆さんが指導的役割をするという事です。

委員長B　私としては、それが一番望ましい。

社会教育課長K　X市も実施する場合は、実行委員会の中で状況を話しながら、より良い成人式を開催していきたい。

委員長B　十五市町のうち九市町が国歌斉唱をやっていて、六市町はやってない。X市もやっていない。埼葛地区だけでも、まだやってないところもある。X市としては式次第に国歌斉唱を入れるという事でよろしいですか。

各委員了承。

（後略）

こうして、ようやく平成十九年の成人式から国歌斉唱することが決まった。私が平成十五年に成人式の正常化を求めて活動し始めてから実に五年目である。

教育委員長にしっかりした国家観があり、成人式の意義を理解していればこの結論は簡単に出せる。

教育委員長は、新成人で構成される実行委員会にしきりに気を使っているが、愚かしいとしか言いようがない。人間は皆平等と言う戦後民主主義、日教組思想に完全に毒されている。教育委員会が実行委員を指導すれば良いだけのことであるが、それが分かっていないから、このようなことになるのだ。

なお、何時も議事録は、翌月の教育委員会には出来ていて、冒頭読み上げられるが、この八月の議事録は更に一ヶ月を要して、十月にずれ込んだ。それだけの時間を掛けて細部を訂正削除してこのような議事録に仕上げたということだ。それにしても、何と無定見、無駄な議論であろうか。

平成十九年の成人式では何の混乱もなく、全員起立して国歌が斉唱された。ただ、指導的役割を果たすという実行委員の何人かが壇上に上がり、出席者に向き合って国歌斉唱した。その月の教育委員会で、国旗に背を向けて国歌斉唱するのはおかしいと指摘する教育委員は誰もいなかった。

第二章
教科書採択という芝居

教科書採択は教育委員会がするのでは？

私は平成十三年四月から地元教育委員会の傍聴を始めた。この年は四年に一度の中学校教科書採択の年だった。六月の教育委員会までは教科書採択が議題にのぼることは一度もなかったが、七月の教育委員会でそれが突然議題にのぼった。それも、教科書採択作業はすでに終わっていて、教育委員にはその結果の書かれた紙片が事務局員から配布されただけだった。

驚いたことに教育委員達はそれを黙って眺めるのみ。やがて担当課長が「この教科書の名前が八月十五日前に外に漏れると問題がありますから、これから回収します」と言って回収してしまった。

この間二、三分。教育委員からは何の反応もなく、会議は淡々と次の議題に進んでいった。つまり、地元教育委員会は教科書採択にはまったく係わらず、教育長と教育委員長だけが教科用図書採択地区（以下「共同採択区」）の採択会議に出席して、そこで決まった教科書を地元教育委員会に持ち帰って報告。それで一件落着となっていたのである。

これに対して何も異議が唱えられなかったところをみると、教育委員達は教科書は自分達で選ぶものだということすら知らされていなかったように思われる。この調子で何十年も同じ教科書が使い続けられてきたのであろう。教科書採択は教育委員の最も重要な作業の一つにも拘わらず、である。

会議が終わったあとで私は教育委員長に、今後採択はきちんと教育委員が自らするように申し入れた。

四年後、新年度がはじまると直ちに教育委員長に手紙を送り、前回のような繰り返しにならないように釘を刺した。

【平成17年4月6日：教育委員長A宛】
拝啓　例年に比べ桜の開花が遅れていましたが、このところの暖かさでようやく咲き頃になり、花の便りもあちらこちらで聞かれるようになりました。委員長Aにはご健勝のこととお慶び申し上げます。
さて、本日の新聞で一斉に、昨日、文部科学省が来春から使われる中学校の教科書の検定結果を発表したことを報じています。近年甚だしい自虐史観の歴史教科書や北朝鮮の拉致問題を無視する公民教科書など、一体どこの国の教科書かと疑いたくなるものが多数ありましたが、関係者の努力で今回はかなり改善されたように思われます。
しかし、当時そんな言葉は使われていなかったという理由でようやく消えた「従軍慰安婦」

という言葉が復活したり、韓国の英雄を数多く登場させ、日本の教科書とは思えないような歴史教科書が登場するなど、相変わらず中国や韓国に迎合し、子供達から日本人の誇りを奪おうと意図するような教科書もあるようです。

私は四年前の教科書採択を決める貴教育委員会を傍聴して初めて、実際の教科書採択は教育委員のみなさんが教科書を直に手にして選定したものではなく、教員で構成される地区の教科書採択協議会に丸投げし、その結果を単に追認するに過ぎないことを知りました。

すべての教科書を手にとって直《じか》に比較検討することは相当の時間と労力を要し、それだけの時間は取れないという委員さんもいらっしゃることでしょうが、教育の基本はまともな教科書を生徒に与えることであり、その選定の権限は教育委員会にあります。逆にいえば教育委員会の最も重要な役目は教科書の選定です。平成十三年七月の貴教育委員会定例会では「平成十四年度使用教科図書の採択について」という議題で教科書採択が取り上げられました。

この時の情景は今でもよく覚えていますが、この議題になると、市の職員が委員さん一人ひとりに地区の教科書採択協議会が選定した教科書の書かれた一片の紙を配り、「このように決まりました。ただ八月十五日前にこのことが外部に漏れるといろいろ問題がありますから、ご覧になった後で回収させて頂きます」と述べ、実際、その二、三分後に回収してしまいました。教科書採択の権限をもつ教育委員が教員に丸投げしていることが最大の問題ですが、更に、その権限を有する委員が決定事項の書かれた書類を回収されても何ら異議を唱えないのは、当事者意識が完全に欠落しているからなのだろうと思います。

もし委員さんのなかに自分で教科書を選定するのはいろいろな面で無理だ、と言われる方がおられるとすれば、残念ながらその方は教育委員の資格を自ら放棄したことになるのではないでしょうか。

前回の時もそうでしたが、今回の文部科学省の教科書検定に際しても、本来、検定作業中の白表紙本は、検定結果が発表されるまでは秘密文書扱いされ、外部にコピーが出回ることなどあってはならないのですが、扶桑社の教科書だけが国内のマスコミは勿論中国や韓国にまで出回り、両国政府は自国の教科書は棚に挙げて日本政府に対し内政干渉をしてきました。

今世間では国際化、国際化と盛んにいわれ、国際化とは世界中の国民が無国籍市民、地球市民になることだという誤解が、一部の勢力の宣伝もあって蔓延しています。私も外国生活の経験があるのでよく分かりますが、国際化とは国境線がなくなるということではなく、国と国との相互依存関係がますます強まり、その結果、政治、経済、環境などいろいろな面で国と国の軋轢が高まり、それを自国にとってどう有利に解決するかという場面が著しく増加するということに他なりません。そのためには自国の歴史や文化を深く理解し、自国に誇りを持ち、問題解決力を高める知力を養うことが何よりも大切です。その意味から教育が極めて大切であり、それにはまともな教科書を採択することが何よりも大切だということです。

今後、教科書採択に関連して多くの外的圧力が予想されます。すでに韓国では大統領直属の、韓国民に対し日本に謝罪をし続けさせようとする団体が組織化されたようですし、中国も教科書の内容変更を要求しています。これらの要求が事実に基づくものならともかく、これまでの我が国は、事実であろうがなかろうが取りあえず謝ることを常とし、それに乗じて今回も圧力を強めようとしています。また、これを後ろから煽っているのが日教組や朝日新聞を始めとする日本の左翼勢力で、今回も各地の教育委員会に有形無形、いろいろな形で圧力をかけてくるものと思われます。

しかし、これらの圧力に屈していては日本の教育、日本の子供達は良くなりません。自国に誇りを持ち、自分に誇りを持てる子供達を育てるために、貴教育委員会もこれまでの慣習に囚われず、勇気をもってしっかりした独自の教科書を選定されるよう要望します。

なお、ついでながらX市では男女共同参画社会基本法に悪乗りし、ジェンダーフリーにまで踏み込んだ広報活動が行われているように思われます。男女平等は当たり前のことですが、男らしさ、女らしさを否定するような教育は好ましくありません。この件に関しては過日女性政策担当に苦言を呈してありますが、教科書選定に際してこの点も十分に考慮した選定をお願い致します。ご参考までに同書簡を添付致します。

どうぞよろしくお願い致します。

敬具

平成十七年度の教科書採択

この手紙がどの程度の影響を与えたかは不明だが、四月二十五日に開かれた今年度第一回目の教育委員会には「教科書採択」が議題に入っていた。そこで教育長は教科書採択の流れを説明した。すなわち、X市は越谷市を中心とする第十共同採択区に属していること、五月九日に第一回採択地区協議会が開かれること、五月十七日から共同採択区調査員による調査が始まること、六月から七月に掛けて学校でも教員による調査が始まり、七月に学校ごとの報告書が出来上がること、などの内容だった。また、教育委員会の指導主事も七月二十五日を目標に独自調査を進める、などのスケジュールの報告もあった。

なお蛇足ながら、これまでの教育委員会では傍聴者はいつも私一人だったのだが、この日（四月二十五日）は二十名を超える傍聴者が前市議や現市議を伴って押し掛けて来た。

その理由は、市街地に二つある小学校の一方に子供が偏って増えてしまったため、その一部を別の小学校に転校させる案が最終決定される日だったからである。前月の教育委員会でこの方針は確認され、本日の教育委員会で決めるばかりになっていたのだが、それを知った父兄達は強く反発して、本日の傍聴に至ったのである。教育長以下教育委員達はこの人数の圧力に簡単に屈して、結局分割案は先送りされ、その後取り消しとなった。いい加減な教育委員会の典型的な結末であった。

五月の教育委員会では、採択地区調査員の教科書調査研究が現在進められている旨の紹介と、七月十一日に学校ごとの調査結果が教育委員会に上がってくること、七月十九日に調査員の報告が上がってくることなどの説明があった。

また教育長からは、X市教育委員会としては歴史教科書については小学校からの教科書と一貫性があること、関連する教材が整っていることなどを重視したいとの意向表明があり、委員達も同意した。これは、これまで使ってきた某教科書を今年度も採択するという露骨な意向表明であったことが後で分かった。

六月の教育委員会では、特に討議する議題はなく、早々に会議を終了すると、その後教育委員全員で教科書展示場の見学に行くとのことだった。四年前に比べて多少ましになった感はあるものの、パフォーマンスが見え見えだった。

七月十五日の教育委員会が教科書採択の会議になった。四月に続いてこの日も傍聴者が男女合わせて十数名いた。

冒頭議長を務める教育委員長より、請願が二団体より教育委員会に提出されていること、そのうちの一団体は陳述を求めているとの紹介があり、その団体の代表は五分間の陳述が認められた。

この団体は「教育基本法を考える市民の会」と称し、その請願の趣旨は、扶桑社の「歴史教科書」「公民教科書」の採択に反対する、となっている。その理由として、歴史教科書については
・これまでの歴史観を一変させてしまう
・中国への侵略に反省がない
・歴史を学ぶ態度は、現在の観点から学ぶべきである
公民教科書については、
・憲法を変えるべきというのは、教科書として不適切である
・今の憲法は守るべき平和憲法である
・子供達が親と異なる価値観を持つようになると、親子の対立が起こる心配がある
などの意見が述べられた。

後で請願文二通を入手したが、驚いたことに請願文はまったく同じ文章で、ただ、請願者が別の名前になっているだけだった。こんないい加減な請願書を別々の請願として公表すること

自体、教育委員会の無責任体質を遺憾なく発揮しているように思われた。

正直なところ当時の私は、このようにして教育委員会に請願を出すことが出来る事を知らず、むざむざとおかしな請願を聞かされる羽目になってしまった。その後会議は非公開となった。

このことについては帰宅すると直ぐに、教育長宛に手紙を書いた。

【平成17年7月15日：教育長C宛】

拝啓　梅雨明けも間近と思わせる暑い日が多くなりましたが、ご健勝のこととお慶び申し上げます。いつも教育委員会を傍聴させて頂きありがとうございます。

さて、これまで四年間教育委員会を傍聴していて耳を疑うような場面に何度か遭遇しましたが本日も非常に奇異な印象を受けました。平成十八年度から使用する中学校教科書の採択議論にあたり、その議論を非公開にする理由として各委員は異口同音に「議論の『公正、公平、中立性』を考えると非公開が相応しい」というご意見でした。この発言の背景には「教育基本法を考える市民の会」なる団体の請願書があり、当該請願書では扶桑社の『新しい歴史教科書』、及び『新しい公民教科書』を採択しないように求めていたことがあったと思います。

本日の貴委員会では委員会の規定に基づきこの団体の代表者に対し五分間の説明の時間を

認めましたが、その説明では大略扶桑社の歴史教科書では、
・今までの歴史観を一変させる内容である
・中国侵略の反省がない
・歴史は現在の視点で解釈すべきである
・戦争被害が数字で示されていない
公民教科書では、
・今の憲法を変えるべきという内容で教科書として相応しくない
・今の憲法は守るべき平和憲法である
・子供が親と違った価値観を持つようになると親と子の対立が起こる心配がある
などということでした。

ここでは、この奇妙な請願内容の一つひとつに私見を述べる積りはありませんがこのような請願書と、この請願書を提出した団体所属と思われる十数名の傍聴者が委員会の傍聴に押しかけて来たことに対応するために、教科書採択の議論を非公開にしたのだろうと推測します。しかし私には、その理由として議論の『公正、公平、中立性』を保つため、という部分が何とも奇妙に思えます。

そもそも教育委員会が教科書を採択する大事な視点は、歴史教科書を例にとれば、これか

らの日本を背負ってたつ国民となる子供達に自国の歴史をどのように教えるか、すなわち、古代から現代に至るまで国益と国益が激しく衝突する国際社会においては自国の先人達が達成してきた偉業を敬い、国内的には豊かな文化を育み国情に合った制度を作り上げてきた先人達を誇りに思う、その矜持を持ってこれからの社会を力強く生きる子供達をどう育成するか、ということだと思います。私は、このような視点から教科書を選ぶことが最も重要だと考えていますがいかがでしょうか。

ところが本日の貴教育委員会委員全員のご意見は、『公正、公平、中立性』を保って教科書選定の議論をしたいということでした。一体何をもって『公正、公平、中立性』が保証されるのでしょうか。その意味は中国の視点、朝鮮の視点、日本の視点のいずれから見ても『公正、公平、中立性』を保つようにしたいというのでしょうか。そもそも歴史がどの国からみても『公正、公平、中立性』を保って見られるのでしょうか。

この五月に日本で発売された、日本・中国・韓国＝共同編集『未来をひらく歴史 東アジア三国の近現代史』では日本がとんでもない極悪非道な国家に描かれているといいます（雑誌「正論」二〇〇五年八月号、藤岡信勝拓大教授）。

四年前に「新しい歴史教科書」が出るまでの日本の教科書は自虐史観に満ち溢れた、とんでもない、この共同編修書に近いものであり、本日の「教育基本法を考える市民の会」の主張もこれに近いものでした。これではまともな子供達が育てられないという危機感から、扶桑社の『新しい歴史教科書』が生まれたのはご存知の通りです。

昨年九月から十二月にかけて日本、米国、中国の高校生を対象とした、日本青少年研究所の調査によれば「自分の国に強く誇りを持っている」者は米国二十九・四パーセント、中国二十九・三パーセントに対し日本の若者はわずか十五・四パーセントに過ぎません。これは疑いも無く『公正、公平、中立性』を重んじて教科書が選ばれ、日本の歴史が教えられてきた結果だと思います。将来に夢も希望も持てない青少年が増えているのは、このような教育と無関係ではないと思います。

貴教育委員会の四年前の教科書採択の、地区採択協議会への丸投げに比べれば今年は改善されたように思います。しかし、『公正、公平、中立性』を盾にして議論を非公開にするのはそれ自体アンフェアであり、恥ずかしい行為であったと思います。むしろ教育委員は各自の歴史観、教育観、人生観などに基づいて教科書を評価し、衆人看視のなかで公明正大に議論を尽くすことが大事だと思います。

この議論を妨害する傍聴者がいれば退席させれば済むことであり、この度の非公開採択議論は返す返す残念であったという感想をお伝え致します。

敬具

結局地区採択協議会への丸投げはなかったものの採択会議は形だけで、教育委員会の体質、まっとうな子供を育てようとする熱意は相変わらず感じられなかった。

また、会議を非公開にするのは公正、公平、中立性の議論の場を確保する為ではなく、傍聴者にいい加減な議論を見られたくないことが主な理由であることも次第に分かった。

平成二十一年度の教科書採択（傍聴者を欺く芝居）

平成十八年十二月に教育の憲法とも言うべき教育基本法が、安倍内閣によって改正された。これにともなって学習指導要領も改正されたため、平成二十一年に採択される教科書は新しい学習指導要領に則った教科書でなければならないが、移行期間の特例として旧教科書をそのまま継続使用することも認められた。このため歴史・公民教科書では自由社を除き他の教科書会社は教科書の改訂をしなかった。

新しい学習指導要領に準拠してつくられた歴史・公民教科書は自由社のみであるから、自由社の教科書が採択される絶好の機会ととらえ、四年前の反省を踏まえ、教科書採択を議論する七月の教育委員会に向けて、以下の請願書を提出した。

【平成21年7月1日：教育委員会宛自由社の教科書の採択を求める請願】

件名

自由社版『新編 新しい歴史教科書』を中学校の教科書として採択を求める請願

要旨

日本の歴史教科書は、一九八〇年代に中国や韓国・朝鮮の国内事情から国民の目を国外に向けさせる手段として問題視され、日本の反日左翼マスコミ・文化人がそれに肩入れし、日本政府が安易にその圧力に屈して、その言い分に妥協したことから、特に、一九九〇年代から急速に歪められてきた。

近年になって先の大戦の真実が次々と明らかにされ、敗戦国ゆえに日本に負わされた悪行の数々が事実無根、または真逆であったことも明らかにされつつある。戦争当事者の国々は自国に不利な文書は出来るだけ公開を先延ばしするのに比べ我が国は、文書がないにも拘わらず従軍慰安婦について軍の関与を認める河野官房長官談話を出したり、村山談話のような曖昧なお詫びを繰り返し、それが一層我が国の歴史を歪め、青少年の心を蝕むことにもつながっている。

我が国を取り巻く国際情勢は北朝鮮による核の脅しや、とどまるところを知らない中国の軍事力の増強などによって一瞬の油断も許されない状況に追い込まれているが、それにも拘わらず、かつての日本はアジアの侵略を試みたという類の、事実無根、または真逆の、いわゆる東京裁判史観、及び、かの国々のプロパガンダにいつまでも惑わされていては、我々の子子孫孫が将来悲惨な運命にさらされるであろうことは論を待たない。

日本にはよき文化と伝統があり、長い歴史を重ねた祖先の努力の上に今日の我々の生活が成り立っているが、我々は、このよき伝統と文化は次の世代に引き継ぐ責務がある。それを否定するような教科書からは健全な青少年を育成することはできない。

我々の先祖はさまざまな苦難や困難を乗り越えて今日の日本を築き上げてきたが、その当時の状況を当時の状況に身を置いて学ぶことこそ大事な視点であって、今の視点から当時の状況をみて非難するのは祖先に対する冒瀆である。

このような視点で近代の日本の歴史を侵略の歴史であると断じ、数々の悪行をしたように描く多くの歴史教科書の中で、自由社版『新編 新しい歴史教科書』は、日本の真の姿を描く教科書である。

日本は天皇を中心に国がまとまり、海外から優れた文化を積極的に取り入れながらも独特な価値観に基づいて消化し、固有の文化を築いてきた。それはまた匠の技に結実し、他の国々の追随を許さない工業国となり、自主独立性向の強い国民性と相まって、今日の我々の生活にたどり着いた。

この繁栄と独立を維持するには、自国に強い誇りと愛情を持つ青少年を育成することこそ何にもまして大事であるが、そのような教科書として最適なのが自由社の教科書である。

特に自由社の教科書には三つの特徴がある。第一点は、この四年の間に改正された新教育基本法を踏まえて編集された唯一の歴史教科書だということである。新教育基本法第二条では「公共の精神」、「伝統と文化の尊重」、「我が国と郷土を愛する」（愛国心、愛郷心）などを教育の目標に定めている。

これを受けて、自由社版『新編 新しい歴史教科書』では、「岩宿遺跡の発見」、「高松塚とキトラ古墳」、「出雲大社」、「戦艦大和」の四つのテーマを「そこに眠っていた歴史」というシリーズで紹介している。また、昭和天皇のお言葉を集めて特集するなど、昭和天皇について二ページにわたる記事を掲載している。これらは戦後の歴史教科書では画期的なことである。

第二点は、学力向上と言語活動を重視した新学習指導要領の方針を先取りした歴史教科書になっているということである。例えば、歴史用語を一定字数の言葉で正確に定義した各章の「まとめ」は、正確な知識を定着させ、同時に歴史の大きな流れの理解に導く手がかりになっている。一点ごとの図版資料にワンポイントの説明を付して知識の充実を図るなどの工夫もこらされている。さらに、絵図や写真についても、いままでの歴史教科書には見られなかった小野妹子の肖像画や、アメリカの軍艦に体当たりする瞬間の特攻隊の写真など、歴史の一コマを迫真的に伝えるものを選ぶなど、さまざまな工夫をしている。

第三点は、他社の四年前に採択された教科書を精密に比較検討し、歴史的に最も正確な記述に努めていることである。さらに、文科省による丹念な検定を経たことにより、史実の正確性が高められ、表現が改善されたことも特筆に値する。こうして、検定を経た唯一の教科書である自由社の教科書は扶桑社と比べてもはるかによく仕上げられた教科書になっている。また、各時代に生きた女性の姿をとりあげ、女性が最も多く登場する教科書になっている。

以上のことから、自由社の『新編 新しい歴史教科書』は、最新の、最も工夫された教科書になっており、中学校教科書として最良のものである。貴教育委員会がこれを歴史教科書として採択するよう強く要望する。

請願法第三条の規定により請願書を提出する。

七月二十二日に開かれた、教科書採択の教育委員会で私は、冒頭五分間この請願の趣旨を陳述することを認められた。ただ、後になって思うことは、この請願、及び冒頭陳述の取扱いはやはり形ばかりだった。そのことは、教科書の採択にあたって教育委員が、どのような観点を重視するか、についての議論がまるでなかったことから判断できる。

この日の教育委員会には他に、日本出版労働組合連合会中央執行委員長名で「扶桑社版中学校歴史ならびに公民教科書、および自由社版中学校歴史教科書を採択しないことを求める陳情書」が提出されていた。主な内容は、

・誤りが多く、完成度の低い教科書である
・教育的配慮に著しく欠ける教科書である
・学習指導要領に忠実でなく、近隣諸国との対立と緊張をもたらす教科書である
・教育のためでなく、政治目的実現のためにつくられた教科書である

など、事実無根の言いたい放題の、アジビラのような誹謗中傷陳情書であった。

私の陳述の後、教育委員と教育委員会事務局の質疑応答では

(質問) 学校では具体的にどのような指導をしているか
(回答) 教科書だけではなく、模型、DVD、テレビ、文献、などいろいろな教材を使って教えている
(質問) 教科書はどのように扱われているか

（回答）教科書を教えるのではなく、教科書で教えている（資料で教え、後から教科書で確認するという形式を取っている）

（質問）歴史に興味を持たせるために何をしているか

（回答）学び方、調べ方を中心にする傾向が強くなっている

というような類の質疑応答が続き、歴史の本質は民族の物語であること、先人が様々な事態に直面してそれをどのように乗り越えて今日があるか、その間に生み出された文化・芸術が如何に優れて世界に誇れるものか、それが自国を愛する心につながること、そのような教科書こそ採択すべきである、という議論はまったくなされなかった。

おまけに質疑応答の終わりの頃には事務局（指導主事）より、教科書会社は教材にも力を入れている、長い経験のある教科書会社は教材も充実していると言い出し、すでに採択教科書は長年使い続けてきた某社にすることが決まっているような発言だった。このことについては章を改めて紹介するが、某社とX市教育委員会は二十年にもわたり、教材作成で癒着してきたのである。

その後、採択の議論は静謐な環境で行われるべきという理由で非公開とされてしまった。しかも、次の教育委員会は八月二十六日と宣言されたにも拘らず八月五日にも臨時教育委員会が開かれていたことが後で、議事録から分かった。

また、七月二十四日には共同採択地区の審議会で教科書は決められ、その報告が八月五日の臨時教育委員会でなされたようである。結局地元教育委員会は表のパフォーマンスとは裏腹に、学校から上がってくる教科書をそのまま認め、教育委員会の前日にはすでに採択教科書が決まっていたのである。このような田舎猿芝居は看過することができず、具体的な事実を突き付けて、教育委員長宛に以下の手紙を書いた。

【平成21年10月28日：教育委員長B宛】

拝啓　秋冷の候、ご健勝のこととお慶び申し上げます。先日は中学校教科書採択に関するすべての資料を開示して頂きありがとうございました。

さて、その資料を閲覧して、果たしてX市教育委員会はきちんと教科書採択に取り組んできたのか極めて疑問に思いましたので、疑問点をお尋ね致します。

改めて申すまでも無く、平成二十一年四月十五日付け文部科学省初等中等教育局伯井美徳教科書課長より「平成二十二年度使用教科書の採択事務処理について（通達）」には、『平成二十二年度使用中学校用教科書のうち、社会（歴史的分野）以外に新たに文部科学大臣の検定を経たものがないことにかんがみ、社会（歴史的分野）以外の種目については、採択権者がそれぞれの地域の生徒にとって最も適した教科書を採択する責任を果たしつつ、その手続の一部を簡略することも可能である』とあります。すなわち、歴史教科書については簡略できないと明示しています。

その文部科学大臣の検定を受けた唯一の歴史教科書が自由社版「新編 新しい歴史教科書」です。この教科書について塩谷前文部科学大臣は今年六月十二日に開かれた国会の文教委員会において、馳浩代議士の質問に対し「教育基本法並びに学習指導要領が改正された後に、内容が改定、改正された（書き替えられた）のは、自由社の新しい歴史教科書だけであり、自由社の『新しい歴史教科書』は採択に値する教科書である」と答弁しています。

このように現職の文部科学大臣が高く評価してくれた教科書が、今般貴教育委員会が開示した資料を閲覧する限り、審議の対象になった痕跡がまったく見られません。これが事実とすれば貴教育委員会は文部科学省教科書課長の通達を無視して、他の教科書と同様簡略して歴史教科書を採択したということになり、貴職をはじめ各教育委員は教育委員としての責任を果たさなかったということになります。

なぜこのような推測をせざるを得ないかを以下箇条書きで説明します。
①今年六月の教育委員会までは、教科書採択についての議題はなかった。
②七月二十二日に開催された教育委員会で教科書採択が初めて議題になった。しかも、議題になった途端、この案件は「第十三地区採択協議会の要領にもありますように非公開で

行いたいと思いますがいかがでしょうか」（平成二十一年度第七回定例会X市教育委員会議事録による）との貴職の提案に教育委員全員が賛成して、協議は非公開になった。

③非公開になる直前、当方の「自由社版『新編 新しい歴史教科書』を中学校の教科書として採択を求める請願」について五分間の説明時間が与えられた。当方は大略、

・昭和二十年の敗戦により日本の歴史、文化はすべて悪いものとされた。

・田母神前空幕長が、日本は良い国だったと論文に書いただけで解任されたのが最近の典型的な例である。

・このままでは日本の子供達はおかしくなる。

・それを救うのが教育、特に歴史教育である。子供達は自分の国に誇りと愛着をもって育つことが何よりも大事である。

・日本はこれまですべて謝って済まそうとしてきた。

・謝って済むのは国内だけであり、国際社会で謝罪することはこれを認めたということになる。従軍慰安婦、南京大虐殺、などがその例である。

・埼玉県のすべての公立中学校で使われている東京書籍の歴史教科書は中国を中心にして、その外側に朝鮮があり、その下に日本がある、という華夷思想で書かれているが、この思想は史実と異なり、脱却しなければならない。

・自由社の歴史教科書は、日本は優れた建築、彫刻、絵画などを含めた素晴らしい文化を育んだ国である、と説明している。
・聖徳太子は小野妹子を隋に派遣し、それ以降日本は独立国として独自の国づくりをしてきた。
・このような歴史教科書を使ってこそ子供達は立派な日本人になる。
・近年子供達に躾の出来ない親が増えているが、親達が自虐史観で育てられた結果とも言える。自虐史観と戦後民主主義を叩き込まれて自国に誇りが持てず、自分に自信がなく、子供達を立派に育てる資格などないと思うおかしな親が増え、そのような親に育てられて子供達もおかしくなった。
・自由社の歴史教科書は教育基本法が改正され、学習指導要領が改正された後に書かれた唯一の教科書であり、この教科書を是非採択して欲しい。
④この陳述のあと教育委員が教育委員会事務局にいくつか質問して、公開の教育委員会が終了したのは十一時十九分である。
⑤その後休憩を挟んで非公開で開かれた教科書採択部分の議事録を見ると、「教育長Cから『平成二十二年度使用中学校教科用図書の採択案について』が提案され、学校教育課長Hから説明がなされた。委員総員により、平成二十二年度使用中学校教科用図書研究結果報告書

のとおり第十三採択地区教科用図書採択協議会に提案することとした」とある。
⑥当該平成二十二年度使用中学校教科用図書研究結果報告書を閲覧すると日付が七月二十一日（、、は筆者）となっており、教育委員会開催の前日に報告書が出来た。
⑦このことから、七月二十二日の公開された教育委員会は芝居だったことが分かる。なぜなら、前日出来上がったばかりの教員達の調査報告書が、非公開の教育委員会で議論されることなく結論となったからである。
⑧この非公開会議は十二時丁度に終了している。この会議には教科書採択の議題のほかに人事案件が一つ、一般会計補正予算の（教育委員会の）提案が一つ含まれていた。
⑨すなわち、三十分程度で三つの案件を処理しており、実質的な教科書採択審議はなかったものと断定せざるを得ない。

以上のことから、貴教育委員会は文部科学省教科書課長の通達を無視し、教育委員として最も重要な職務の一つである教科書採択の責任を自ら放棄しました。もし、別の日に十分に審議したというのであればそれは何月何日に何時間、何処で、どのように審議したのか、自由社の新しい歴史教科書に比べて東京書籍の歴史教科書の何処が優れているのか、一週間以内に書面にてお答えください。

また、もし、当方が推測するような歴史教科書採択の過程が事実だったとすれば、その責任を明らかにして頂きたい。
なお、この質問状は公開質問状と致します。
敬具

この指摘に対し教育委員会名で以下の回答が届いた。

【平成21年11月2日：教育委員会発信】
中学校教科書採択事務について（回答）
晩秋の候、貴台におかれましては、御清栄のこととと存じます。
日ごろから本市教育行政に格別の御理解と御支援を賜り、誠にありがとうございます。
さて、表題の件につきまして、下記のとおり回答いたします。

記

一　本市教育委員会は、教科用図書採択協議会要項等に基づき、適正な方法で中学校教科書採択事務を行いました。

担当：学校教育課K

こののっぺらぼうで、無作為を指摘されても恬《てん》として恥じない回答が、教育委員長以下指導主事に至るまでのX市教育委員会の体質を如実に表している。

呆れた学校教育課長

教育委員会のこの回答が余りに無責任かつ無礼であり、そのまま見過ごすことはできなかったので改めて教育委員長宛に以下の手紙を郵送した。

【平成21年11月25日：教育委員長B宛】

拝復　この度、私より貴職に宛てた十月二十八日付公開質問状に対する回答書を受け取りました。

私は同公開質問状において、

一　教育委員会は平成二十一年度中学校教科書採択の作業を、同教育委員会事務局に丸投げし、文部科学省教科書課長の通達を無視して、教育委員として最も重要な職務の一つである教科書採択の責任を自ら放棄したのではないか。

二　もし、月例教育委員会会議とは別の日に十分に審議したというのであればそれは何月何日に、何時間、何処で、どのように審議したのか。

三　自由社の新しい歴史教科書に比べて、貴教育委員会が採択した東京書籍の歴史教科書の何処が優れているのか。

四　もし、当方が推測するように上記一の歴史教科書採択の過程が事実だったとすれば、その責任をどのように明らかにするのか。

をお尋ねしました。

しかるに、貴職のご回答は「一　本市教育委員会は、教科用図書採択協議会要項等に基づき、適正な方法で中学校教科書採択事務を行いました。」の一行だけでした。

そこで私はその「教科用図書採択協議会要項等」の中に回答のすべてがあると考え、十一月九日にX市の情報公開条例に基づき「教科用図書採択協議会要項等」の開示申請をしました。同時に私は、既に九月三十日に平成二十二年度の中学校教科書採択に関連するすべての資料を開示請求してすべてを閲覧したと思っていましたが、今般の回答書によって、実は「教科用図書採択協議会要項」は開示されていなかったことを知ることになりました。

しかし、今回開示された「第十三採択地区教科用図書採択協議会要項」なるものは単に、X市を含む埼玉県第十三地区教科用図書採択協議会の規約だけで、公開質問状の回答になる記述は一切ないことが分かりました。すなわち、貴職の回答書は当方の質問に対し何一つ答えていないということです。

そもそも今般の公開質問状は十月二十八日の教育委員会に於いて、その後非公開になる会議前の休憩時間を利用して、私が読み上げて貴職に手渡そうとしました。すると貴職は「自分は事務局の言う通りにしただけだ。渡すなら事務局に渡すべきだ」といって受け取りを拒みました。勿論私は事務局用にコピーを用意していましたので、貴職に言われるまでもなくコピーを教育長にも渡しました。それを見届けて貴職はようやく質問状を受け取りましたが、私が両手で差し出したのに対し片手でひったくるように取りました。常々貴職は、教育委員会の決定は教育委員長が一人で決めるわけではない、全員で決めるのだ、と言って責任を回避しようとしますが、貴職は教育委員会の代表者であることを肝に銘じて頂きたい。この度の回答書でも回答者はX市教育委員会とあるだけで貴職の名前は明示せず、相変わらず責任逃れをしようとする姿勢は見苦しい限りです。

ところで、この開示申請をした十一月九日、公文書開示請求書を受け付けた窓口担当者が教育委員会に連絡を取り、学校教育課長が私に教育委員会事務局に来て欲しいと言っていると告げられました。行ってみて仰天しました。社会常識とは余りにかけ離れた教育委員会の一面に接して唖然としました。

学校教育課長Hは、「篠原さんが今ご覧になったように、私は今全市民六万五千人のために一生懸命仕事をしていた。しかるに、篠原さんが来たことでその仕事を中断しなければならず、その上篠原さん一人だけのために六万五千分の一以上の時間を掛けるのは（市民への）公正さを欠くことになる。そこをご理解頂きたい」と言うのです。一瞬私は何のことか理解ができませんでした。

ようやく意味を理解して私は「そのような言い方は非常識だ。そもそも人を呼びつけておいて何という言い草だ」と非難しました。すると学校教育課長は「非常識という言い方は言い過ぎではないか」と語気を強めて強く反発しました。

更に、「今日は担当者が居ないので『教科用図書採択協議会要項』がどこにあるのか分からない」とまで言い出しました。担当者がいなければ書類がどこにあるか分からないということ自体、X市教育委員会は組織としての体をなしていないことを自白したわけです。このような杜撰《ずさん》さを指摘し、また、学校教育課長の前言のような非常識な考えが出る環境を改善して、教育委員会事務局の正常な運営を促すことこそ貴職の大事な役割ですが、その自覚が貴職におありでしょうか。

安倍内閣の時に教育基本法が改正され、教育関連三法も改正されました。形骸化した教育委員会を正常化するために「地方教育行政の組織及び運営に関する法律」（以下「地方教育行政法」）第二十七条は「教育委員会は、毎年、その権限に属する事務の管理及び執行の状況について点検及び評価を行い、その結果に関する報告書を作成し、これを議会に提出するとともに、公表しなければならない。」と改正されました。

この改正第二十七条を知らされた貴職は平成十九年九月の教育委員会で「月一回の教育委員会だけでは教育委員は法律が求める報告書は作れない。教育委員が事務局を点検・評価するには、事務局に教育委員用の机と椅子を用意してもらわなければならない。教育委員は教育の根本にかかわるものについてのみ意見を言うものであり、報告書の作成は職務になじまない」などと発言して、強く反発しました。

事実一昨年の報告書作成作業は、本来評価される側の事務局に丸投げされ、事務局が報告書を作りました。その事実は私の継続的な傍聴から明らかであり、また市議会の一般質問の教育長答弁から、事務局がこの報告書作成に多大な時間を使っていたことが明らかになりました。

今年度もそれを繰り返えしていることを隠蔽するために今年の教育委員会では、この議題になると会議を非公開にしてしまいます。近隣市町の教育委員会はいずれも公開にしているにもかかわらず、です。もし、隠蔽していないというのであればX市教育委員会も、この議題を堂々と公開して議論すべきと思います。

特に、今般の学校教育課長の発言のように戦後民主主義丸出しの、公平を錦の御旗にした頓珍漢な発想がまかり通る環境は一掃すべきですし、また、貴職を長とする貴教育委員会は、納税者に対する説明責任があることを肝に銘じるべきでしょう。寄らしむべし、知らしむべからず、という古色蒼然たるX市教育委員会の体質は一掃しなければなりません。そのような教育委員会事務局の体質の点検と評価、そしてその報告こそが教育委員に求められているのです。

学校教育課長は、また、十一月九日の会話の中で教科書採択の請願を取り上げるか、無視するかは教育委員会の裁量できめることが出来ると発言して、私の請願を無視したことを暗に認めました。それは貴教育委員会の裁量に入るものと認めるにしても、なぜ私の請願を無視するに至ったのか、その理由について質問されれば答える義務があります。

以上、質問をまとめれば、

一、X市教育委員会は平成二十一年度中学校教科書採択の作業を、同教育委員会事務局に丸投げし、文部科学省教科書課長の通達を無視して、教育委員として最も重要な職務の一つである教科書採択の責任を自ら放棄したのではないか。

二、もし、月例教育委員会会議とは別の日に十分に審議したというのであればそれは何月何日に、何時間、何処で、どのように審議したのか。

三、自由社の新しい歴史教科書に比べて、貴教育委員会が採択した東京書籍の歴史教科書の何処が優れているのか。

四、もし、当方が推測するように上記一の歴史教科書採択の過程が事実だったとすれば、その責任をどのように明らかにするのか。
五、なぜ歴史教科書に関する篠原の請願を無視したのか。
の五つです。ご回答は一週間以内にお願いします。

なお、この質問状は公開質問状とし、貴職のご回答も公開します。

平成十七年の教科書採択を議題にした教育委員会において、事務局が「教育委員さんも教科書を手に取って、自分の目で確かめて欲しい」と要請したのに対し貴職は、「自分は教育委員になりたくなったわけではない。頼まれたから仕方なくやっている。その上にそんなことまでやらせるのか」と辺りを憚らず発言しました。この事実を考え併せ、この質問状にご回答がない場合、または、今般のような不誠実・的外れのご回答の場合は、貴教育委員会は今年度の中学校教科書採択を事務局に丸投げし、教育委員としての重大な責任を果たさなかったことを認めた、と判断します。

また、そのときは、貴職の責任を明らかにするよう求める所存です。

敬具
この質問状に対して教育委員長Bからの回答はなかった。したがって、X市教育委員会は教科書採択の義務を怠り、事務局に丸投げしたことになる。

　それにしても、手紙の中でも述べたように、学校教育課長Hが、自分は今全市民六万五千人のために一生懸命仕事をしていた云々には心底驚いた。彼は、六万五千人全員から要望されたことをしているのか。その要望をどうやって聞きだしたのか。赤ん坊から老人までの要望に共通のものはあるのか。そんなことはあるまい。彼の仕事が六万五千人のためになっている保証はどこにもない。彼は、自分の仕事が六万五千人のためになると思い上がっているか、無知に過ぎないのだ。

　彼は将来校長になるかもしれないが、その時もこのような考えで全校生徒に向き合ったらどうなるか。一人虐められている子供がいるとして、自分は全校生徒何百人のために仕事をしているのだから、一人の虐められている子供だけに時間を割くことはできない、となるだろう。そして、みすみすその子供を見捨てることになる。

　子供の自殺を見過ごした教師や校長の記事をよく目にするが、このような考えで対応する教師や校長が結構いるのではないかと思ってしまう。彼は、プライオリティ（優先順位）をつけて仕事をするという基本が分っていないのである。

隠蔽工作のための傍聴拒否

平成十八年十二月に、長い間懸案だった教育基本法が安倍内閣によって改正された。改正の議論の中で教育委員会の問題点もいろいろ議論され、結論として、教育委員会の問題は事務局に問題があるからだとなった。そこで地方教育行政法が改正され、教育委員会（委員長以下教育委員）が毎年、教育委員会事務局を点検・評価して報告書を作成し、議会に提出するとともに、公表しなければならなくなった。

このことについては前掲の平成二十一年十一月二十五日の手紙でも触れたが、教育委員長Bが強く反発した。

この法律改正は平成二十年四月一日に施行された。しかし、教育委員はこの報告書作成にはほとんど関わらず、点検・評価項目の選定から報告書作成までを事務局にさせた。そして折々報告書作成の進捗状況を教育委員会の会議で報告させたのである。

この不正行為については第六章で詳しく説明するが、本来教育委員会が自らすべき作業を教育委員会事務局に丸投げしている実態を隠蔽するために、会議を非公開にして私を締め出した。学校教育課長Hがわざわざ地方教育行政法第十三条六項をコピーして私に手渡し、非公開にすることは何ら法律に違反していないと隠蔽を正当化した。

このため九年間続けた毎月の傍聴はこの年をもって、中断せざるを得なくなってしまった。

平成二十三年度の教科書採択（教科書会社との癒着疑惑の発覚）

平成二十一年の採択は前にも述べたとおり学習指導要領が変わって直ぐの教科書採択であったため、暫定的措置として、教科書は改訂されなくても採択教科書の対象になりえた。その代り二年間の猶予期間を置いて、新しい学習指導要領に準拠した教科書が検定を受け、その採択戦が平成二十三年にあった。

平成二十一年の教科書採択会議で、請願書を提出しても、会議の場で口頭陳述してもほぼ無視され、予め決まっているシナリオに沿って、議論をしている振り（芝居）をしていることを実感したが、だからといってその悪習を認めるわけには行かない。

そこで平成二十三年の教科書採択戦に向けて、七月十一日付の以下の請願を教育委員会に送った。

【平成23年7月11日：教育委員会宛自由社の教科書採択を求める請願】

件名

自由社版『新しい歴史教科書』と自由社版『新しい公民教科書』を中学校の教科書として採

択を求める請願

要旨

この度の東日本大震災では、大津波によって東北各地は甚大な被害を被った。そのような大災害にあって、外国であれば暴動が起きても不思議ではないなか、被災者は冷静沈着に災害に向き合い、世界から称賛された。これは日本人のＤＮＡのなせる業であって、日本人本来の姿である。

しかるに、戦後一九八〇年代より急激に日本を悪しざまに貶める教科書が出まわるようになった。その根源は、一九八二年に出された宮沢官房長官談話及び近隣諸国条項規定の追加、一九九三年の河野官房長官談話などにあるが、いずれもマスメディアの（意図的）誤報や政治的思惑を基に発せられたものである。

これらの談話は、いずれも事実を確認せずに発せられたことが後に明らかになるが、多くの教科書は依然としてあたかも事実のように書くことをやめない。そのような教科書でも文科省の検定にパスすることは不可解であるが、この度の大災害で発揮された日本人の秩序ある行動からも、われわれの父祖は、多くの教科書に書かれているような悪辣《あくらつ》な人種でなかったことは明らかである。

子供達に、この日本人が長年培ってきた優れた行動規範、伝統文化を正しく教え、彼らに日本人としての誇りを持たせることが、この混迷を深める世界で生きる力を育む鍵である。たとえば、聖徳太子が隋に使者を送り、日本は隋の冊封を受ける積りのないことを国書で明確に宣言したことは日本人の大きな誇りである。X市が使っている東京書籍の小学校社会科の教科書ではこれを次のように記述している。

『小野妹子は、遣隋使として海をこえて、隋の都長安にわたりました。中国の歴史書「隋書」によると、小野妹子は「日がのぼる国の天子、国書を日がしずむ国の天子に届けます」という書き出しの国書を隋の皇帝に差し出しました。隋の皇帝は、この国書の内容を「無礼だ」として不機嫌になりましたが、隋からも日本へ使者を送ったそうです。』

ところが、である。同じ東京書籍の中学校歴史教科書では、このことについては一切触れない。X市教育委員会が中学校歴史教科書として東京書籍を選ぶ大きな理由の一つは、小学校と同じ会社の教科書の方が一貫性があるから、ということだった。一貫性があるというのであれば、中学生になって、小学校で学んだことをより深く学んでこそ意味がある。

しかも、X市教育委員会はこの東京書籍と二十年を超えて随意契約で小学校の副読本「XYZ」の印刷を同社に任せてきた。その上、単に印刷委託にとどまらず、副読本で使われる写真やキャラクターまでも同社に依存し、編集にまで関与させていた。このことは新聞で大きくとり上げられたが、その際教育長は、これはよくない関係だったと非を認めている。教科書の中身を教育委員はほとんどチェックせず、事務局の説明にしたがって安易に同意していた実態も資料から明らかになっている。表向き教科書採択の審議は静謐な環境で行う必要があるという理由で会議は非公開にされてきたが、内実はこのような実態を隠蔽するためだったのである。

しかも教科書採択の会議において事務局は、関連する資料が充実している教科書がよいとして、この度問題になった副読本を暗に指して、従来の教科書を推薦する道具として使っていた事実も指摘しておく。

その点、自由社の中学校の歴史教科書はそのようなしがらみはなく、遣隋使については『このとき隋の皇帝にあてた手紙には、「日出ずる処の天子、書を日没する処の天子に致す。恙《つつが》無きや」と書かれていた。太子は、手紙の文面で対等の立場を強調することで、隋に決して服属しないという決意を表明したのだった。』とある。自由社の教科書のほうが、よほど一貫性がある。

次に公民の教科書についてである。現在市内の中学校で使われている東京書籍の教科書には、家族や国家についての単元がない。近年わが国の周辺では、中国が軍事力を着々と増強して傍若無人な振る舞いをし始め、北朝鮮が核兵器を開発して軍事的圧力を強めている現実があるにも拘わらずに、である。

特にアジア地域では国益と国益が激しく衝突し、特に領土問題で、わが国は極めて厳しい局面に立たされていることは厳然たる事実である。国家とは何か、国民とは何か、地域とは何か、家族とは何かについて体系的にしっかり学習しなければ、国の将来は危うい。

同教科書はこのような現実を無視して、「地球市民の立場に立って、国境を越えて連帯し協力するグローバルな市民社会が、今まさに求められているのです。」と現実離れした地球市民を強調しているのである。

その点自由社の公民教科書は、第一章「個人と社会生活」の中で、家族、学校、地域社会、国家を体系的に教えている。また、第二章では「立憲国家と国民」、第三章「日本国憲法と立憲的民主政治」、第四章「国民生活と経済」、第五章「国際社会に生きる日本」というように、国民から国際社会までのつながりや領土問題を分かりやすくまとめている。

また、この度の大震災では自衛隊が大きな役割を果たし、国民の多くから称賛されているが、東京書籍の教科書は自衛隊について、「自衛隊の任務の拡大は、世界平和と軍縮を積極的にうったえるべき日本の立場にふさわしくないという声もあります。」などと自衛隊を否定するような記述をしている。

これに対して自由社の教科書は、法的制約が多い中で自衛隊の任務の重要さ、安全保障の課題、自衛隊の生い立ちから日米安保条約に至るまで、国防についても詳しく解説されている。これらは、これからの時代を背負う若者には不可欠の知識である。

新学習指導要領は教育基本法の大改正をうけて大幅に改訂され、わが国の国土や歴史に対する愛情をはぐくみ、日本人としての自覚をもって国際社会で主体的に生きることや、公共的事柄に自ら参画してゆく資質や能力を育むことを重点的に強調している。しかるにX市教育委員会は、昨年度一年間「教育委員会ニュース」なるものを発行し、自治会に回覧までさせて、このような大改正を強調せず、新学習指導要領はあまり変わっていない、という宣伝に終始した。

当初から、これは、相変わらず反日自虐的な教科書を採択するための伏線だったことが見え透いていたが、教育長が二十年以上の同じ教科書会社と不適切な関係を保ったことの非を認めている以上、これ以上の馴れ合いは許されない。

この度の採択にあたっては、教育委員自らが教科書を手に取って比較・検討し、「中学校教科用図書研究結果報告書」のようなものに引きずられることなく、自らの判断で、中学生の将来を考えて採択して頂きたい。

これからの子供達が世界の荒波の中で途方に暮れることなく、自信を持って生きて行ける勇気と気概を育むためには自由社の「新しい歴史教科書」「新しい公民教科書」しかなく、これらの採択を強く要請する。

以上

傍聴者入場前の口頭陳述要求の怪（疑惑を聞かれると困るから？）

七月二十五日朝、この請願の趣旨をこの日開かれる教育委員会の冒頭で陳述するため廊下で待機していると、教育委員会の事務局員がやってきて、陳述は傍聴者が入場する前に教育委員達だけにして欲しいと言う。なぜ傍聴者が入場した後ではいけないのかと聞いても、分かりませんと答えるのみ。そこで教育委員長からその理由を説明して欲しいと言っても、教育委員長は出てこない。今回の傍聴者は十九名だったが、多くは顔見知りだった。

私は請願にも書いた通り、これまでのお座なりの採択議論を止めて本当に子供達のためになる議論をして欲しいと願い、傍聴者にも是非そのことを聞いて欲しいと思っていたので、傍聴者入場後の陳述を求めたのである。約二十分間の押し問答の末、教育委員長が、なぜ傍聴者が入場した後の公開の場で口頭陳述させなかったかの理由を書面で回答することを条件にして、冒頭陳述を取りやめた。これまでのような杜撰《ずさん》な採択審議の他、新たな入札疑惑を傍聴人に聞かれては困るから、このような姑息な措置をしたのであろう。その後教育委員長からの回答はなかった。この疑惑については第四章で詳しく述べる。

この日の教科書採択会議で出た主な意見や質問を列挙すると、
歴史教科書では、
・ページ数の多い教科書はどこの教科書か
・歴史上の人物の数が多いのはどの教科書か
・文化遺産を多く扱っているのはどの教科書か
・年表、地図、写真の多い教科書はどの教科書か
・身近な地域の歴史の歴史を調べる活動を多く扱っている教科書はどれか
・歴史で事実と言われているものにも不確実なものがある（教育長C）
・史実が確定したものは教えるが、不確実なものは教えないことが大事（教育委員長B）
・歴史の事実が確定していないものを書いている教科書は慎重に対応しなければならない（教育委員長B）
・次の2つは特に重視したい（教育委員長B）
①日本史の背景となる世界の動きが書かれていること
②戦争は二度と起こしてはならない、という視点
（ここで教育委員長Bが延々と自分の疎開体験・被災体験を語り始めたので、教科書採択本題の議論をするよう私が傍聴席から「議事進行」と催促すると、事務員が飛んできてヤジは

いけないと注意があった)
・誤字脱字誤記の多い教科書はどれかという委員Dの質問に初めて、自由社の名前が出てきた
(具体的な説明はなかった)
・(自由社の教科書は) 平城京の年代に間違いがある。源平の系図に間違いがある。文字が重複している。云々
・DVDなどの補助教材の多いものが良い。

彼らは、大きな歴史の流れを生徒達に教えたいという視点はなく、表面的、体裁重視の質疑応答や日頃の不勉強を棚に上げた、偏った見解の表明に終始した。初めからこまごまとした欠点を指摘して、自由社を露骨に排除しようとしている意図がありありと窺えた。

一方、公民教科書では、
・ページ数が多い教科書はどれか
・民主主義、国民主権をしっかり書いている教科書はどれか
・日本国憲法をしっかり書いている教科書はどれか
・分かりやすい教科書はどれか

・日本国憲法の三原則がしっかり書かれている教科書が大事
・国民主権は個人個人にあるのだから、国民全体が持っていると書かれている教科書は気になる（教育委員長B）
・主権は一人ひとりの個人が持っている
・この度の災害で自衛隊が注目をあびているが、自衛隊についてきちんと書いている教科書はどれか、の質問に対しては自由社との回答。しかし、東京書籍は三月の教科書発行までにそれを書き加えると文書でいってきていると事務局（その書面を教育委員に見せて回る）
・学校からの意見はどうか、に対しては東京書籍との回答。
（その理由についての質問はなかった）
また、教育や教科書問題の本質に触れるような議論も一切無かった。

このような質疑がすべての教科について行われ、採決の段になると非公開になった。やはり、採択教科書は既に決まっているような印象を強く持った。
傍聴者が全員入場した後で請願者に口頭陳述を認めたこれまでの方式を止めて、傍聴者が入場する前にしか陳述を認めない今回の方式に異を唱え、次の公開質問状を委員長B宛に送った。

傍聴者入場後に口頭陳実させなかった理由の説明要求

【平成23年8月11日：教育委員長B宛】

拝啓　残暑の候、ご健勝のこととお慶び申し上げます。

さて、七月二十五日（月）九時半からの教育委員会の件ですが、私は貴教育委員会に対し歴史・公民の中学校教科書採択にあたっては新学習指導要領に最も則った教科書を採択するよう請願を出しました。

これまでの教科書採択が議題となる教育委員会では審議に入る前に、請願者にはその趣旨説明のために五分間陳述の機会を与えられました。勿論傍聴者も同席しているところです。しかるに、今回は前例を破り、傍聴者が入場する前に教育委員に対してのみに陳述させようとしましました。

なぜ前例を破ってまで急にルールを変えたのか、担当者に対し貴職が廊下に出て説明するよう要求しましたが、貴職はそれを無視しました。そこで私は担当者に対し、後日文書で貴職より説明するように求めました。今日現在その文書が届いていませんので改めてこの文書でお伺いします。

七月二十五日の教育委員会において二名の請願者に対し、前例を破り傍聴者のいる前で請願理由の陳述をさせなかったのはなぜなのか、理由を文書でご回答ください。

通常役所の仕事では前例を踏襲し、前例を破るには余程の理由がある筈です。その理由を八月十九日までに文書でご回答ください。

六月二十九日の産経新聞は、X市教育委員会は小学校の社会科副読本の印刷を二十年以上にわたり、東京書籍と随意契約で独占受注させていたことを報じました。これは文科省の指導や教科書協会の行動基準に反し、教育長Cもこのことについて「(二十三年度の改訂版から)契約内容の透明性を確保する」と明言しています。

そもそもこのような不祥事が発生した背景には、貴教育委員会の職務怠慢があります。教育基本法の改正に伴い地方教育行政法も改正され、教育委員会は、教育長の権限に属する事務の執行状況について評価及び点検を行う義務があります。ところが、貴教育委員会は、評価点検される側の事務方にその仕事を丸投げしました。それが一旦明らかになると、その翌年からは当該議題の教育委員会は非公開にし、怠慢を隠蔽し始めました。

よって、今般の不祥事は貴職が代表を務める教育委員会の怠慢によって見過ごされてきたことであり、貴職は責任を明らかにする責務があります。貴職はこの責任をどのように取るお積りか、貴職のお考えを初めの質問と合わせてご回答ください。

なお、この質問状は公開質問状といたします。

敬具
写：X市長N

この公開質問状に対し、教育委員長からの回答はなかったので、督促状を送った。

【平成23年8月26日：教育委員長B宛】

参照書簡：平成二十三年八月十一日付貴職宛公開質問状

前略

参照書簡にて、七月二十五日の中学校教科書採択を議題とした教育委員会で、教科書採択の請願者の冒頭陳述について貴職が慣例を破って傍聴人には分からせないように、傍聴人が入場する前に、教育委員に対してのみ陳述するように要求した理由を尋ねる公開質問状を送りました。

既に回答期限の八月十九日から一週間過ぎましたが、未だご回答がありません。あと一週間待って九月二日までにご回答がない場合は、今般冒頭陳述の慣例を破った理由は、貴教育委員会の職務怠慢の隠蔽の為と判断します。

すなわち、貴教育委員会がこれまで主張してきた、同じ教科書会社の教科書を小学校、中学校で採用する理屈が破綻したこと、及び、特定教科書会社と長年に渡る癒着があったことを傍聴人の前で指摘されるのを嫌った為と理解します。

このようなことが発生したのは参照公開質問状でも指摘したように、貴職を長とする貴教育委員会の怠慢が原因です。特に、特定教科書会社との長年の癒着についてはその責任が未だ明らかにされていません。このような貴教育委員会の無責任体質を変えない限り、教育の正常化はありません。

貴職は、成人式の杜撰な運営について話し合いを求めた私に侮辱的な態度を取り、県教育委員会の指導により一年後の平成二十年四月二十三日に漸く謝罪しましたが、その後も態度は一向に改まりません。

期限までにご回答がない場合は、この事実を広く公表すると共にしかるべき監督官庁に再度指導を仰ぐ所存です。

草々

写：X市長N

この督促状に対しても委員長Bは無視を決め込んだので、X市長N宛にこの件に関する見解を問う質問状を送った。

【平成23年9月4日：X市長N宛】

拝啓　初秋の候、ご健勝のこととお慶び申し上げます。

今年は中学校教科書採択の年でしたので、教育委員会の動向が特に世間の注目を集めました。

X市教育委員会事務局は東京書籍と長年癒着して、小学校社会科の副読本について同社に独占的に発注していることが新聞で大きく報じられました。このような事態を未然に防ぐ監視機能も教育委員会に委ねられていますが、X市教育委員会はその役割を果たしてきませんでした。

貴職はこの度の癒着問題について教育委員会にどのような対応をしたのでしょうか。このような行為は文部科学省の指導や教科書協会の行動基準に違反しており、教育長Cもこのことについて、「随意契約が続いたのはよくない」とその非を認めています。この類の新聞記事が出ること自体X市のイメージを大きく損ね、「教育するならX市で」という貴職のスローガンも色あせてしまいました。このことについて貴職は、処分も含め何をしたのかをお尋ねします。

次に、七月二十五日の教科書採択を議題とした教育委員会で教育委員長Bは、従来の慣例を破り教科書採択に関する請願者に対し、傍聴者の前で請願者が陳述する機会を与えませんでした。従来は、請願者一人ひとりに五分間の陳述機会を与えていたのです。なぜこのような慣例を破る行為をしたのか委員長Bは説明する責任がありますが、それをしようともしません。

私は、その理由を二度に渡って尋ねましたが回答がなく、質問状にも書いたように、回答がないので同氏は、上に述べた新聞記事を市民の前で明らかにされることを嫌い、またその結果として、教育委員会の無責任体質が明らかにされることを恐れて慣例を破ったと解釈しました。二度に渡る公開質問状は貴職にも写しをお送りしていますので、そのことはご存じと思います。

また、X市教育委員会は、これまで東京書籍の中学校歴史教科書を長年に渡って採択し続けたのは、小学校中学校は同じ会社の教科書を使った方が連続性がある、ということを大きな理由にしてきました。しかし、実は、東京書籍の教科書の内容は、小学校と中学校の教科書には連続性のないことを指摘され、そのことが公にされることを恐れて冒頭陳述をさせなかったことも、実質的に認めたと解釈します。しかも小学校教科書の選定にあたっては、長年癒着関係のあった教科書会社の教科書を採択したということです。

教育者としては有り得るべからざる手法を使ってまで特定思想の教科書にこだわること自体は、貴職の責任範囲にはないとしても、このような委員を推薦し任命したのは貴職の責任です。このことについて貴職はどのような見解をお持ちなのか、もお尋ねします。

かつて貴職は、成人式の実施方法について尋ねた私に対して、教育委員長Bが侮辱的態度をとったことについて貴職に事実関係の調査と指導を求めたところ、B先生に限ってそのようなことをするとは思えない、として取り合いませんでした。その後県教育委員会の実態調査を受けて漸くB氏は己の非を認め、一年以上たってから私に謝罪しました。

今回は貴職も、事実は認めざるを得ないと思いますが、上に述べた質問に対し明確なご回答をお願い致します。

なお、この質問状は公開質問状とし、ご回答は九月十六日までにお願いします。

敬具

X市長Nからも回答はなかった。市長は常々「教育するならX市で」を標榜しながら、実は具体的に教育委員会との連携は何もしていないことが、こんなところにも現れている。

平成二十七年度の教科書採択（法律改正の無視）

教科書の採択は、義務教育諸学校の教科用図書の無償措置に関する法律（以下「教科書無償措置法」）に従う。この法律に基づき、公立小中学校の教科書を採択する権限は、都道府県教

措置法」）に従う。この法律に基づき、公立小中学校の教科書を採択する権限は、都道府県教育委員会、市教育委員会、複数の市町村教育委員会で構成される採択地区、のいずれかにある。市教育委員会は市単独で採択するのが原則だが、採択地区で他市町村と共同で採択することも可能である。

これに対して町村教育委員会は町、または村単独で教科書を採択することはできない。ところが、沖縄県の竹富町は共同採択地区の決定を不服として、町の教育委員会が独自で歴史教科書と公民教科書を決めてしまった。明らかな法律違反である。文科省からの指導も無視して、今も違法状態にある。

これまでの教科書無償措置法には、採択地区に参加する市町村が、共同採択区で決定した教科書を使わなければならないと強制する条文が無かったために、竹富町の強引な独走を許してしまったのだ。

教科書無償措置法と地方教育行政法の改正

そこで平成二十六年に、この教科書無償措置法が改正されて、町、村の教育委員会でも単独で教科書採択ができるようになった。また、同時に、共同採択区に参加する市町村はそこで決まった教科書を採択する義務のあることが条文化された（第十三条第五項）。

また、この度の改正では、教育委員会は教科書を採択したときに採択の理由を公表するよう、努力目標が規定された。

一方、地方教育行政法も昨年改正されて、これまで責任の曖昧だった教育委員長と教育長を教育長に一体化し、教育委員の互選で選ばれていた教育長を首長が直接任免できるようにした。

更に、首長が主宰して教育委員会と首長で構成される総合教育会議を設置し、首長は教育行政にかかわる「大綱」を定めることができるようになった。これによって首長は、教育行政について説明責任を持つことになったのである。この大綱には教科書採択の方針や選定基準も含めることができる。

そこで私は、この法律が施行される平成二十七年四月一日を前に、施行された後は直ちに総合教育会議が開けるよう市長に以下の質問状を送った。

【平成26年9月17日：X市長N宛】

拝啓　初秋の候、ご健勝のこととお慶び申し上げます。

さて、安倍内閣は最重要課題の一つとして教育再生の実行を掲げ、教育再生実行会議を起ち上げて、頻繁に会議を開き次々と教育再生の提案をしています。これと歩調を合わせるようにして教育に関係する法律も改正され、着々と実行に移されています。

来年度は中学校の教科書採択の年ですが、これに関連する法律である、地方教育行政法、及び教科書無償措置法が改正されました。地方教育行政法の改正によって、これまでは首長は教育委員会に対して意見を述べることが出来ませんでしたが、来年四月一日からは、首長が総合教育会議を招集し、教育委員との協議によって「大綱」を発出できるようになりました。すなわち、首長も教育に対し責任を持つことになりました。

これまで教育委員会は政治的には中立を標榜し、外部の声に耳を傾けることはほとんどありませんでしたが、私は十数年X市教育委員会を傍聴し続けた結果得た結論は、教育委員会は事務局によって運営されているも同然であり、また、事務局は日教組に配慮を怠らないということです。日教組出身の輿石東現参議院副議長は「教育に政治的中立などありえない」と豪語する有様からもこのことは裏付けられています。このような弊害を取り除くことも今般の法律改正に至る理由の一つと考えています。

ところで、この総合教育会議ですが、現在X市では準備はどこまで進んでいるのでしょうか。この会議の事務局は教育委員会事務局とは別にどの部局が担うのでしょうか。貴職の来年度の中学校教科書採択についての方針、選定基準はどこにあるのかについてもお尋ね致します。

ご回答の程、よろしくお願い致します。

敬具

写：U埼玉県知事

十月に入っても回答がないので秘書課長に電話して、市長の回答を促した。彼は未だその市長への手紙を見ていないとのことで、調べた上で回答するとのことだった。その後、秘書課長Mから電話があり、その会話から、市長は書面で回答する積りのないことが判明した。

そこで、この件について市長に二度目の質問状を送った。

【平成26年10月17日：X市長N宛】

参照書簡：平成26年9月17日付貴職宛質問状

「総合教育会議」の準備状況についての質問

仲秋の候　ご健勝のこととお慶び申し上げます。

さて、掲題の件につき参照書簡でご質問しましたが、ご返事がありません。そこで十月六日に電話で秘書課に問い合せたところ課長Mが応対し、その手紙はまだ見ていないので広報広聴課に問い合せてみるとのことでした。

十月十日に課長Mから電話があり、雑談をしているなかで「総合教育会議」の準備は未だしていないようだ、どの部局が事務局を担当するかは未だ決まっていないようだ、との話がありました。そこで、そもそも市長は「総合教育会議」のことを知っているのか、と質したところ、教育委員会から説明を受けている筈だとのことでした。

そのような話の後で私は、参照書簡（質問状）の回答をまだ貰っていないので回答して欲しいと求めたところ「この電話がその回答だ」とのことでした。書面による質問状に対して電話で回答すること自体信じ難いことでした。口頭では言った、言わない、の問題が必ず発生するので書面で回答して欲しいと話したところ「この電話が回答だ」との繰り返しでした。

課長Mは多分この書面を読んで「自分はそんなことは言っていない」と言うことでしょう。そういう行き違いを防ぐために書面にして応答するのが大事なのですが、X市役所はそのような初歩的なこともルール化していないのでしょうか。あるいは貴職が、「この質問は電話で答えておけ」と指示したのでしょうか。もし、課長Mの独断で今般のような対応をしたのであれば懲罰に値します。それが組織というものです。私は課長Mに、一週間待つのでその間に書面で回答するように依頼し、今日がその期限ですが回答がありません。

参照書簡でも述べましたが来年四月一日から「総合教育会議」がスタートします。これまでは市長が教育行政そのものに介入することは出来ませんでしたが、「総合教育会議」は市長が教育委員を招集し、教育委員の理解を得た上で、教育方針や教科書選定基準などの「大綱」を決めることが出来ます。これまで教科書採択は教育委員会にすべて任せていましたが、どのような教科書を選ぶかは市長の責任になります。

来年度は中学校教科書採択の年です。「新しい歴史教科書をつくる会」は従軍慰安婦の強制連行なる嘘が中学生の歴史教科書に登場したのがきっかけで発足し、従軍慰安婦の強制などなかったことを訴えて教科書をつくってきました。今般朝日新聞が慰安婦の強制連行に日本軍がかかわっていたという報道は誤報（捏造）であったことを告白しました。

今こそ、本来の日本を取り戻す教科書を選ばなければなりません。そのために「総合教育会議」は重要なのです。

参照書簡のご解答を書面で十月三十一日までにお願い致します。

敬具

これにも市長からの回答はなかった。日頃「教育するならX市へ」（これまでは「……X市で」だったがいつの間にか「……X市へ」に変わった）のスローガンを掲げるX市長Nが、総合教育会議にまったく対応しないのだ。

「教育するならX市へ」の実態

私は平成十九年に市長に対し「教育するならX市で」は、何を根拠にしているのかを質したが回答は無かった。そこで平成二十六年に新任の教育長M（前学校教育部長。前教育長は教育委員長に横滑り）にこの点を質してみた。

【平成26年4月21日：教育長M宛】

冠省

四月十九日にX市役所で自治員向けに、平成二十六年度予算について説明会がありましたが、いろいろ質問したいことがありました。貴職も責任部門の長の一人としてご出席になりましたのでご質問したかったのですが、質問の時間がほとんどなく一人一問に限られていましたので、その場ではご質問できませんでした。そこで、この書面にてご質問させて頂きます。

市長の冒頭の挨拶によればX市の子供達は、文科省の全国一斉学力テストの成績が県内のトップクラスとのことでした。そこで、X市教育委員会は学力向上の為にどのような施策をしているのか、予算の配分状況から吟味してみました。その結果、分かったことは、

・大部分の予算は、空調設備の導入や校庭整備事業など施設の拡充にあてられている

・学力向上に関係すると思われる事業は、小学一年生向け三十人学級実施の為の予算が少額だが計上されている程度で、特に指導力の強化や教材の充実など、学力向上の為の予算が重点的に配分されているようには見受けられなかった。

その三十人学級にしても、私が過去十年間貴教育委員会を傍聴してきた限り、一度しか話題にのぼらず、この時の結論は、この施策による効果はよく分らないが、もう少し続けて様子を見よう、ということでした。

また、今春、南小学校の新入生は百二十四名で、厳密にこの施策を適用すれば五クラスになる筈ですが、実際には一クラス各三十一名で、四クラスに編成されていました。私は、三十人学級を厳密に適用すれば子供達の成績が向上するなどとは思いませんし、これで良いと思いますが、貴教育委員会はなぜ三十人学級といううたい文句に固執するのでしょうか。上に述べたように実態は、うたい文句の通りに実施されているわけではありません。

そこで質問なのですが、X市内の小中学校の児童生徒の成績が県内トップクラスなのは貴教育委員会のどのような施策の成果なのでしょうか。あるいは、教育に熱心な家庭（親）が多いことが理由なのか、優秀な教員が多いのか、熟に通う生徒が多いのか、貴職のご見解をお尋ね致します。

市長は「教育するならX市へ」をスローガンにしていますが、貴教育委員会とはどのような連携を取っているのでしょうか。
ご回答頂ければ幸甚です。

匆々

写：S埼玉県教育委員会教育長

この質問状に対して教育長Mから以下の回答があった。

【平成26年4月28日：教育長Mからの返信】

貴殿の御質問について

児童生徒の成績がよいことの理由は、学校の教育活動、保護者・地域の教育力、様々な教育施策の成果等の要因があり、それらが相互に関連して成果につながるものと考えます。

本市では、それらの全体的な取組が成果につながっていると考えています。

教育委員会では、家庭と連携し「早寝、早起き、朝ごほん」など基本的生活習慣や家庭学習の習慣化を図ることや、一時間のねらいが子どもたちに分かる授業の展開、アクティブラーニングの重視などを、X市教育行政重点施策として推進しています。具体的には、家庭の教育力の高いこと、教材研究等の研修に真摯に取り組む教職員が多いこと、心の教育に取組み学習態度のよい素直な児童生徒が多いこと、体力向上に取組み心身ともにたくましい児童生徒が多いこと、掲示物等を整え落ち着いた教育環境整備に各学校が取り組んでいること等が、相乗して効果をあげているのではないかと分析しています。

X市は「教育水準の向上をめざす街」をめざし、人的支援や物的支援により市と連携し、円滑な教育活動の推進を図っております。

この回答を見る限りX市教育委員会は「教育するならX市へ」と自信をもって何か、特別なプログラムを実行しているわけではないことが分かった。何も特別なことをしなくても、どういう訳か全国一斉学力テストの成績が良いので、このスローガンを掲げている、ということのようだ。

そこで、以下の手紙を送った。

【平成26年4月30日：教育長M宛】

拝復　四月二十一日付の貴職宛質問状に対するご回答をありがとうございました。

家庭の教育力が高いこと、熱心な教職員が多いこと、素直でたくましい生徒が多いこと、各学校の教育環境整備への真摯な取り組み、などが相乗して効果をあげている由のご説明でした。

県内各市町村教育委員会もそれぞれに同じような取り組みをしているものと思いますが、X市の児童生徒がなぜ埼玉県内トップクラスの成績をあげているのか、その教育の施策の特徴がもう一つはっきりしませんでした。

現在の教育界では競争原理を忌避し、他の学校、他の市町村、他の都道府県との比較などを嫌がり、貴教育委員会も文科省の全国一斉テストの学校別成績の公表請求を拒否しましたが、県内トップクラスと公言することは他市町村との比較をしているわけですから、今後はより詳しい比較データの公表をお願い致します。

私は相変わらず南中学校の学習サポート隊に加わりテスト前の自主学習のお手伝いをしており、また二、三年前には九月から翌年三月までの半年間、一年生の数学の授業すべてのお手伝いをしました。その間多くの生徒と接して感じたことは、授業の内容をしっかり理解している子供が非常に少ないということでした。九九さえ満足に出来ない子、商が二桁になる割り算の出来ない子など、小学校の学習課程を本当に終えているのかと疑いたくなる子供が結構いるのです。それにショックを受けた私は小学校の校長に対して、せめて九九は覚えさせて小学校を卒業させて欲しいとお願いしたほどです。

貴職もこのような現実を直視して、単に市内小中学校の平均点が高いと公言するだけではなく、子供達の学力向上の為のきめ細かい目配り、指導もして頂きたいと願っています。そのような観点からすれば市内学校別平均点の公表も今後は不可避になると思いますので、今からご検討ください。

ところで、今般我々のグループでは添付のリーフレットを作成し、一般社会人に対する啓蒙活動を始めました。一部お送りしますので、来年度の教科書採択に向けてお目を通して頂ければ幸甚に存じます。

敬具

添付：リーフレット

市長の教育へのリーダーシップを求める議会への請願

市長は教育に力を入れているようなスローガンを掲げながら、その実、これまで見てきたように市長のリーダーシップは見えてこない。そこで、市長が主宰する総合教育会議を積極的に活用して教育委員会をリードし、名実ともに「教育するならX市へ」の具体的施策を進めるように、市議会に対し「総合教育会議への市長のリーダーシップ発揮を求めることについて」と題する請願を提出した。

総合教育会議の出す「大綱」には、教科書採択の方針や選択基準も含めることが出来るので、それを請願の中心に据えた。
その請願の全文を以下に掲げる。

【平成27年2月10日：X市議会に対する請願】

件名

総合教育会議への市長のリーダーシップ発揮を求めることについて

請願事項

X市議会は市長に対し、地方教育行政法改正の趣旨に則り「総合教育会議」の設置を市長が積極的に推進し、「教科書採択に於いては教育基本法・学習指導要領に準拠した良い教科書が採択されるよう市長がリーダーシップを発揮する」ことを求める決議をすることを請願する

要旨

昨年地方教育行政法の改正により、今年四月一日から各自治体に「総合教育会議」が設置されます。教育行政は予算などの一部を除いて教育委員会の専管事項でしたが、教育委員会

制度の問題がこれまで縷々《るる》指摘されており、その改善策の一環として今般の法改正に至りました。

総合教育会議とは首長が招集し、首長と教育委員で構成されます。会議は原則公開とし、首長が主宰する会議ですから事務は首長の部局が担当することになります。また、首長は協議を経て大綱を定めることができます。大綱では教育基本法第十七条の教育振興基本計画のほか、教科書採択の方針や選択基準を定めることができます。

教育委員会の重要な仕事の一つは教科書採択です。小学校、中学校の教科書は四年ごとに改定され、文科省の検定を経て各教育委員会によって向う四年間使われる教科書が決められます。これを採択といいます。市教育委員会は、単独で市立小中学校の教科書を採択することができますがX市教育委員会は共同採択方式を採用しています。

共同採択方式とは近隣市町村がいくつか集まって共同採択区をつくり、その地区の公立学校で使われる教科書は、最終的にその共同採択区内教育委員会の各代表の審議で決められます。共同採択区の協議の前に各市町村教育委員会が、自らの視点で最適の教科書を採択します。これまでは教育委員会のみが独自の判断で採択教科書を決めてきましたが総合教育会議が関与することによって、採択の方針は大綱に従うことになります。すなわち、総合教育会議の発足によって首長にも教科書採択の説明責任が生じます。

「教育するならX市で」を掲げ、教育を重点施策の一つとする市長にとっては、総合教育会議は市長がリーダーシップを発揮できる絶好の場となります。しかし、スローガンだけで実際にはこれまで通り教育委員会任せにするようであれば、市長は責任放棄したことになります。

歴史教科書については、これまで多くの問題がありました。特に、三十三年前、朝日新聞が従軍慰安婦について日本軍の関与があったとして大々的に報じましたが、それを契機に一時中学生の歴史教科書にもそれが登場するようになり、それ以来教科書採択には世間の強い関心が集まるようになりました。しかし、この問題は昨年八月に朝日新聞が自ら捏造記事であったことを自白しました。そのことからも分かるように、検定をパスした教科書であればどれも同じということではなく、事実と異なることを書く教科書もあるのです。これからの国際社会を生きる子供達に日本人としての誇りと自信を持たせることは極めて重要であり、そのような良い教科書を選んで与えることは教育委員会の大切な仕事であり、これからは市長もその責任の一翼を担うことになります。

地方教育行政法と共に改正された教科書無償措置法では、教科書採択の審議は議事録にして、審議内容を公開するよう求めていますので、X市教育委員会もそのようにして透明性を高める必要があります。

このようなことから貴市議会におかれては、市長が総合教育会議でリーダーシップを発揮し、教科書採択については教育基本法・学習指導要領を遵守した良い教科書を採択すること。また、採択後には具体的な内容評価による採択理由を公表すること。これらを大綱に盛り込むことを市長に求める決議をする、よう請願します。

地方自治法第一二四条の規定により、上記のとおり請願書を提出します。

以上

この請願が、本会議にかけられる前に民生文教委員会に諮られた。簡単な質疑応答から始まった審議は結局、共産党議員が、教科書採択は教育委員会の専管事項であって、市長には採択の権限がない。したがって、この請願には反対であるとの意見を述べて、ほぼ流れが決まってしまった。参考人として出席していた教育長も、教科書採択については市長と協議する対象ではない、と共産党を後押しする発言をした。

請願の趣旨は、教科書採択の基本方針や選択基準を総合教育会議の大綱に盛り込むように求めたのだが、あたかも市長が教科書採択に加わるように求める請願のように共産党と教育長によってすり替えられてしまった。また、請願の趣旨、総合教育会議の趣旨を理解して、それにきちんと意見を言える議員もいなかった。請願者は発言出来ず、またこの請願の紹介者になってくれた市会議員は所用のためこの委員会は欠席した。こうして、請願はあっけなく不採択となった。

X市教育委員会への請願

これまでX市教育委員会の歴史教科書の採択基準は、小学校からの教科書との一貫性（小学校と同じ出版社の教科書を使うこと）、子供が興味を示すような図表を使っていること、など見かけを重視していて、自国の歴史を学ぶことによって先人に誇りがもてること、愛国心が持てること、のような観点からの議論はなかった。

そこで、今年度は、今年度検定をパスした最新の教科書を読み比べ、現在使われている東京書籍の歴史教科書、公民教科書と自由社の歴史教科書、公民教科書について違いをまとめ、自由社を採択するようX市教育委員会に、以下の請願を提出した。

【平成27年6月29日：X市教育委員会への自由社教科書採択の請願】

件名

自由社版『新しい歴史教科書』と自由社版『新しい公民教科書』を中学校の教科書として

採択を求める請願

要旨

人間は、天から授かった「命」を連綿と継承します。国民の歴史も同じで、先人が、命がけで世界最古の文明国家日本を継承させてきました。その先人の知恵・知見を学ぶことにより、家族・国民のために闘ったご先祖様への敬愛の念と国を愛する心が生まれてきます。愛国心とは、国を守り、愛し、発展させる普遍の心です。

世界的視野に立って、先人の国造りの姿を子供達に伝え続ける歴史教科書。国家とは何か、家族とは何か、そして自分はその一員であることを自覚させる公民教科書。このようなことをきちんと教える教科書によってこそ、日本人であることの誇りと自信を持ち、日本はもとより世界で活躍できる子供を育成することが出来ます。

その教科書はまさに自由社の教科書であり、自由社版『新しい歴史教科書』と自由社版『新しい公民教科書』を採択されますよう請願致します。

理由

1．現在使われている東京書籍の教科書は上に述べた視点に欠け、中韓隷属史観、階級闘争史観、東京裁判史観、地球市民主義といった視点から書かれていて、健全な日本人を育てる教科書ではない。

たとえば、稲作は九州の菜畑遺跡から紀元前五百年ごろに水田稲作がおこなわれていた跡が見つかっていて、このことから稲作が朝鮮半島経由ではないことは明らかである。ところが東京書籍の教科書では「紀元前四世紀ごろ、大陸（主に朝鮮半島）から移り住んだ人々によって、稲作が九州北部に伝えられ、やがて東日本にまで広まりました」と書かれている。このように、文化・文明はすべて大陸・朝鮮に学んだという視点で書かれている。

2. 元寇は日本にとって最大の国難だった。残虐非道な元・高麗連合軍は日本征服を目的として大船団を仕立てて対馬・壱岐を蹂躙し、九州を襲った。鎌倉武士はこれを国難と受け止め、果敢に戦って撃退した。自由社の教科書はこれを二ページに渡って記述し、更に一ページの大コラムで解説している。これによって子供達は先人の国を守る気概を学び、そのような先人を誇りに思うことが出来るのである。

一方、東京書籍の教科書は、元は、「短期間で（日本に）力を見せつける」のが目的だったと書き、しかも、「二度の襲来（元寇）のあとも、元は日本への遠征を計画しましたが、実際には行われませんでした」と続け、征服の目的ではなく「遠征」だと言い張る。これでは元寇の持つ本来の恐ろしさが伝わらない。また、これで子供達は先人に誇りを持てるだろうか。

3. 聖徳太子は六世紀末に起こった大陸の重大な変化、すなわち、隋による大陸の統一と日本への脅威に対し見事に対応した。まず、冠位十二階や十七条憲法などを定めて国内の改革を実現した後、小野妹子を隋に派遣して対等外交を進めた。すなわち、朝鮮半島の百済、高句麗、新羅が隋に冊封されるなか、国書の文面で対等の立場を強調することにより、日本は隋に決して服属しないという決意を表明したのだ。このことが後々日本固有の文化を生み、また、穏やかな国民性を育んだのである。そのことが自由社の教科書には書かれている。

一方、東京書籍の教科書では遣隋使について「日本は、東アジアでの立場を有利にし、隋の進んだ制度や文化を取り入れようと、六〇七年に小野妹子などを送り、この後数回にわたって隋に使者を送りました」としか書かれていない。東京書籍の小学校社会科の教科書には聖徳太子の対等外交についての記載があるので、中学校の教科書はそれを更に踏み込んで教えるべきところだが、それがない。ここでも中韓隷属史観が底流にある。

貴教育委員会はこれまで中学校教科書採択の根拠の一つとして、同じ教科書会社の教科書を使って小学校からの教科書との統一性を強調してきたが、この例でも分かるように、同じ教科書会社でも統一性はない。

これに関連して、平成二十三年の教科書採択の際、小学校社会科の副読本の印刷を東京書籍と二十年以上に渡り随意契約していたことが市議会で明らかにされた。このことについて貴教育委員会は「随意契約が続いたのは良くない」と非を認め、その上で「契約内容の透明性を確保する」ため一般競争入札に変更するとした。その後私は、その競争入札の実態を半年に渡り調査したが、競争入札とは名ばかりで極めて不透明、しかも重大な虚偽と思われる釈明もあった。特定の教科書会社と不適切な関係にあっては公正な採択はできない。

4．南京事件は中国共産党のプロパガンダであり、実際にはなかったことは今では明らかであり、したがって自由社の教科書はそのことを一切記載していない。また同じ年、通州の日本人居住区で起こった、中国人部隊による日本人惨殺事件は通州事件と呼ばれ、自由社の教科書はそのことを記載している。

一方、東京書籍の教科書ではこの通州事件は書かず、実際にはなかった南京事件については、数については未確定としながらも「南京大虐殺」とも書いて、あったように記載している。このようなプロパガンダを真に受けて子供達は先人達に敬意を払えるのだろうか。日本人であることを恥ずかしいと思う子供達を増やすだけだろう。

5．家族は、社会集団のなかで最も小さな単位の共同社会であり、家族の一人ひとりはまず何よりも、たがいに信じ合い、愛し合い、助け合い、教え合い、研鑽し合い、励まし合うことにより、家族の絆を強くするものだ。自由社の公民教科書では「家族の役割と形態の変化」「民法と家族」の二つの単元、四ページに渡って、家族の役割、家族の変化、家族と個人、民法と家族、家族間の協力を詳しく教えている。

一方、東京書籍の教科書は家族については、十三行しか書かれていない。家族の定義としては「最も身近な社会集団」とあるのみであり、大人と子供の関係は指導者・被指導者関係であり保護・被保護関係であること、縦のつながりであることなど、一切触れられていない。このような教科書で教えられる子供達は将来本当に家族をつくれるのか、家族の解体につながる恐れがある。

6．人は「国家」なしには生きられない。「外交」「国防」「治安維持」は国家でしか担えない。自由社の公民教科書は原始社会から始まる国家の成り立ち、国家の役割、国家の維持を順を追って分かり易く説明している。国家は共同社会であり、人の自己愛は家族愛、郷土愛、愛国心につながる。愛国心は、自分の国の文化と伝統、歴史、国民、社会、自然環境などを大切にする気持ちを理解させることによって育まれる。また、国家を運営するには法の支配が必要である。法に裏付けられた主権には二種類あって、国内には国民に主権があること、国際社会では他国からの支配や干渉を受けない国家主権があることを明確にして、多面的に国家について定義しているのが自由社の教科書である。

一方、東京書籍の公民教科書は、国家の定義、目的、役割を国内編で書かず、「地球社会とわたしたち」でようやく国家主権が出てくる。国家を正確に理解しない限り、公共の精神、立憲的民主政治など社会の仕組みを理解することはできない。

7．貴教育委員会はこれまで、上に述べてきたような学習指導要領の準拠度よりも、見栄えや自習のしやすさ、表の見やすさなどに評価の力点を置いていた。今年四月七日付文科省の都道府県教育委員会教育長に対する「平成二十八年度使用教科書の採択について」の通知では、現場教員による絞込みの禁止のほか、教職員の投票によって選ばれた教科書を無批判に追認すること、教科書は国の将来を担う児童・生徒が国民としての必要な知識・技能を学ぶものであることから、見栄えや体裁、自習のしやすさなどの理由から選ぶのではなく記述内容で選ぶこと、学校現場が混乱するなどの理由で（慣例や惰性で）同じ教科書を選び続けること、なども明確に禁止している。自由社の教科書は学習指導要領に最も準拠している。

8．貴教育委員会は、文章にゴシック字体の仮名文字ルビがふられていることを「ルビが読みやすい」という理由で重視している。自由社の教科書と見比べれば分るが東京書籍の文章はルビが目立ち過ぎて、各ページが非常に煩雑である。しかも中韓の人名や地名には現地読みと称する片仮名ルビも振られていて一層煩雑である。英語に片仮名のルビを振ってその通りに発音しても現地人にはまず通じない。まして、中韓の現地読みなど一層通じない。この視点からも不必要な中韓現地読みルビのない、すっきりした自由社の教科書を推奨する。

9．平成二十三年度のX市教科書研究専門委員会の「研究調査報告書」はX市独自の報告書であるはずだったが、歴史教科書の報告書は県教育委員会が作成した「社会科（歴史的分野）調査資料」そのものだった。それも単なるコピーではなく、文字の大きさ（ポイント）が変えてわざわざ打ち直し、丸写しを糊塗している（このことについては第四章で詳述）。このような調査報告書では信頼性に欠け、参考にならない。

10．教科書の採択は教育委員会の最も重要な職務の一つであるから、教育委員自らが教科書をよく読み比べ、自らの判断で良い歴史教科書と公民教科書を選んで欲しい。「日本人であることの誇りと自信を持ち、日本はもとより世界で活躍できる子供を育成する」には自由社の教科書が最も優れている。

以上

採択会議での冒頭陳述

平成二十七年度のX市教育委員会の教科書採択会議は七月二十七日午前九時半から開かれた。開会前、非公開で、冒頭陳述の希望を申し入れていた私の請願陳述を認めるかどうかが審議されたようである。会議室のドアが開いて陳述が認められた旨告げられたが、今回も、傍聴者が入場する前、との条件がついた。

私は、傍聴者にも是非教育委員会の実態を聞いてもらいたいと思っていたが、今回は、この条件を受け入れることにした。陳述しないよりもマシだと思ったからである。教育委員は、請願文を既に読んでいるはずなので中身を繰り返し説明する時間は最小限にして、教育委員会の問題点を指摘することに重点を置いた。陳述時間が限られていることもあって、予め原稿を用意して読み上げるように話した。前半は教育委員会の虚偽体質について話し、これを改めるよう求めると共に、後半は学習指導要領に最も準拠した教科書を採択するよう、次のように陳述した。

最初に、教科書採択の視点は、教育基本法に準拠していること、及び学習指導要領に最も準拠したものを採択すべきである。しかるにX市教育委員会は四年前の教科書採択戦が始まる前年、「教育委員会ニュース」なる回覧物を突然発行し、その第一号には冒頭、「教育理念は、新学習指導要領においても、何ら変わっていません」と悪質な虚偽の宣伝をした。平成十八年暮れに教育基本法は戦後初めて大改正され、それに従って学習指導要領も大幅に改訂されたにも拘わらずに、である。私は、直ちに教育委員会に抗議文を送り、同時に私が自治会長を務める町内の回覧を拒否したことがあった、との話をした。

次に、四年前の採択では、市の教育委員会が委嘱する教科書専門委員会の報告書が県の報告書の丸写しをしていた事実を明らかにした。しかも、同じ報告書を使いながら県教育委員会は育鵬社を選び、X市は東京書籍を選んだ。同じ報告書から異なる教科書が選ばれるのはなぜか。要するにX市教育委員会は形式的には手順を踏んでいるように見せながら、実は暗黙の了解のもとに採択が進められていることをうかがわせる実態、を指摘した。

その後、自由社の教科書を採択するよう意見を述べたが、聞き流されただけのような印象を受けた。

昨年の市長宛総合教育会議の質問状への無回答以来、今年六月議会の民生文教委員会の質疑応答、その後議会での否決まで、そして当該教育委員会に至るまで、次代を担う子供の教育に真剣に向き合う姿勢はまるで感じられなかった。

冒頭陳述の後、三十名前後の傍聴者が入場してから続く採択会議でも、教育の本質にふれる議論、すなわち、歴史の大きな流れとは何を指すか、公民を学ぶとはどういうことか、家族とは何か、国家とは何か、その観点をきちんと書いてある教科書はどれか、という類の議論はまったくなかった。教育委員の歴史の大きな流れの理解とは、年表を繰り返し見て覚えることだとの発言には呆れ果てた。以下当日の備忘録を見ながら当日の様子を紹介する。

採択会議の審議状況（相変わらずの出来レース？）

これまでのX市教育委員会の採択会議の進め方は、国語、社会、数学の順に全科目の審議を公開し、その後非公開会議にして採択教科書を決めていた。そこでは挙手によって決めたのか、投票によって決めたのかは分からないが、今回は投票によって決め、その投票の様子も公開された。事務局と教育委員の質疑応答の後、事務局員が、投票用の紙袋を持って教育委員の席を廻り、教育委員はその袋に教科書名を書いて投票する。しかし、どの委員がどの教科書を推薦したのかは今回も相変わらず不明である。また、投票の結果についてもその日は開示されず、不透明さにおいてはまったく改善がない。

またこれまでは、その非公開の議事録も結果が書かれているだけで、なぜその教科書が選ばれたかという採択の様子も分からなければ、採択理由も分からない。この度の教科書無償措置法の改正によって、教育委員会は教科書を採択したときに採択の理由を公表するよう、努力目標が規定されたので、今年度の議事には期待していたが見事に裏切られた。

今年の採択会議では午前中に、国語、書写、それに社会科が対象になった。午後にその他の教科すべての採択が行われた。

私は、歴史・公民教科書の含まれる社会科教科書の採択に関心がある。社会科には地理、歴史、公民、地図の四種類の教科書があり、その順番に審議が進んだ。

地理の審議が始まると冒頭、教委委員Tから「社会の各教科書は同じ教科書会社でなければならないのか」と極めて初歩的な質問があった。すると事務局が「法律的には同じ教科書会社にしなければならないという制約はないが、指導する立場からすれば、同じ教科書会社の方が教えやすいし、望ましい」と回答した。このやり取りから直感的に、すでに現在使われている東京書籍の教科書を採択することが、事前に決まっていたのだとの心証を強くした。いわゆる出来レースである。事実、結果はその通りになった。

議論は、教育委員同士が、自分が良いと思う教科書を強く推すという形式ではなく、もっぱら教育委員が教育長や事務局にお伺いを立てるという質疑応答が主であり、教育委員自身の意識や意向はこの十数年まったく進歩が感じられなかった。

事務局の答弁で特に印象に残ったことは、その教科書に子供がどの程度興味を持つかとの視点が強調されたことである。本来子供に対しその科目に興味を持たせられるかどうかは教師の力量で決まるものであり、教科書本来の良さはその中身、すなわち内容が充実しているかどうかで決められるものと思うのだが、事務局はそうではない。子供が興味を持つかどうかという視点は極めて情緒的であり、客観的に判断することは難しい。結局、事務局が情緒的な判断を示し、それが教育委員に大きな影響を与えていることが見て取れた。X市の教育委員は何年も殆んど入れ替えがなく、この委員達が委員を続ける限り改善は望めないように思われた。

また、私の請願で求めた教科書採択の視点についても四年前同様、何の議論もなかった。このことからも、X市教育委員会の教科書採択会議は一見議論をしているように装いながら、その実、結論は事前に出来ていると断じざるをえない。四年前と同じである。

七月三十日にX市が所属する第二十一採択地区の採択会議があると聞いていたので、その前日、X市教育委員会に電話して開始時間と会場を問い合わせた。Y市の庁舎が会場とのことだったので、Y市教育委員会に電話して、傍聴に定員はあるのか、何時までに行けば傍聴を申し込むことが出来るのかを聞いた。

驚いたことに、採択地区の傍聴申し込みは一週間前にすでに締め切っているとのことだった。傍聴は通常会議当日申し込むものだが、一週間前に締め切ってしまう例は今まで聞いたことがない。傍聴者はなるべく排除して、当事者同士がこっそり決めてしまう体質がここでも残っているようである。何とも不透明で、恣意的な採択方式は今後絶対にさせないようにしなければならない。共同採択方式も隠蔽体質の温床である。

この度の改正教科書無償措置法では、市に加えて町村単位でも単独教科書採択が出来るようになったので、市町村の特色に合わせてそれぞれが単独で採択することこそ地域の要望に沿う。「教育するならX市へ」と言いながら、教科書採択は不透明な共同採択区に逃げ込むのは言語道断である。

X市の採択結果発表は、採択地区の結果発表と同じ八月二十六日だった。採択された教科書は、傍聴で事前打ち合わせが露骨と直感した通り、地理、歴史、公民の社会科教科書三点は従来通り東京書籍だった。


このような杜撰《ずさん》な教科書採択を許してしまうのは、一般国民の側にも問題がある。日本人は悪かった、これからも世界に向かって謝罪し続けることが良心的日本人だと思い込んでいる人々がまだまだ多くいて、それを助長するような教科書が選ばれることに無関心なのだ。

日本の真実の歴史を語り継ぎ、日本の国柄に相応しい憲法を持つことは現在に生きる我々のみならず先人や、これから生まれてくる人々も含めたすべての日本人に必要なことであって、今に生きる我々だけが軽々に善人ぶる偽善は許されないのだが、そのことがすんなり受け入れられないところに教科書採択の最大の問題がある。

一日も早く日本人は戦後占領軍が仕掛け、進歩的文化人たちによって刷り込まれた、日本人は悪かったという洗脳から目覚め、日本人の紡いだ歴史の素晴らしさを理解し、独立自存の気概を取り戻すこと。そこから生まれる世論によってこそ教科書問題は解決する。

第三章
教育委員長の傲慢と無責任

突然怒りだした教育委員長

平成十三年四月から教育委員会の傍聴を始めた私は、六年経っても相も変わらずの会議を続ける教育委員会に疑問を感じ、一度教育委員長に私の考えを伝え、また教育委員長の考え方も質して、相互理解を深める目的で、教育委員長に面談を申し入れた。

双方の都合を勘案して平成十九年二月一日に、その日の午後一時半から四時まで開かれる「人権問題講演会」の後、面談することにした。「人権問題講演会」は毎年二回学校関係者や市内各種団体、市役所課長職以上全職員を対象とした講演会で、繰り返し、繰り返し、主として被差別部落の出現の経緯を講師ごとに蘊蓄を傾けて話す、講話会である。

教育委員長Bとの面談は、会場となった会議室が並ぶ廊下の中ほどにある談話コーナーで行った。和やかな雰囲気は挨拶を交わした数分だけで、私が、成人式のことを切り出すと、途端に教育委員長Bは顔をこわばらせ、「あなたのような教育の素人は、教育については何も分かっていない。何も分かっていない人と話をしても仕方がない」と声を荒げ、あっけにとられた私を置き去りにして席を蹴って、立ち去ってしまった。

私は、直ぐに教育長Cを訪ね、ことの顛末を伝えた。話を聞き終った教育長は「B先生らしくないなァ」つぶやくだけだった。家に帰ると直ぐにX市長N宛に次の手紙を認めた。

市長の見解を問う

【平成19年2月1日：X市長N宛】

拝啓　厳冬の候、ご健勝のこととお慶び申し上げます。日ごろは大変お世話になります。

さて、本日人権問題に関する講演会があり拝聴しました。講演会の後、かねてより教育委員長Bと約束をして教育委員会に関連する意見交換のために時間をとって頂きました。冒頭委員長Bは教育委員心得のような小冊子を取り出し、教育委員会の役割、教育委員の活動範囲などについて数箇所私に読むように求め、私は求めに応じて黙読して内容を理解し、その旨B氏に伝えました。その内容は大略、教育委員は独断で職務を執行してはならず、教育委員会の決定事項についてのみ管理執行することが記述されていました。

もとより私はB氏と話し合った結果をB氏が独自で執行するよう求める積りはなく、教育委員の権限については十分理解していることを伝えました。同時に、執行は独自ではできないものの、委員の発言は自由にできるものと解釈しており、それを確認したところB氏は、委員の発言にまで制約はされていないとお答えになりました。

以上の手順を踏んだ上で、最初に成人式のことについて議論を始めようとしましたが、B氏は教育委員会は義務教育には責任を持つもののそれ以降には責任がない、そもそも成人式は教育の場ではない、などと一方的にまくし立てました。私はそれをさえぎって、三年前までの成人式は見るに耐えないほど騒がしく、それについて教育委員会の場で何ら議論されなかったことは問題ではないかと質しました。するとB氏は、あなたの傍聴していた委員会では議論しなかったかもしれないが、いないところでもいろいろ議論している。また、時には教育長と一杯飲みながら議論することもある。全然議論していなかったわけではないと反論しました。この反論自体、反論の体をなしていませんが、そのことよりも、私が何度も前市長と掛け合い、最近の三回はようやく静かな成人式を実現したことに触れ、私の果たしてきた行為は本来教育委員会の仕事ではないかと質しました。するとB氏は「あなたは何も分かっていない。何も分からない人と話しても仕方がない」と声を荒げ、一方的に面談を打ち切り、席をけって立ち去ってしまいました。

肝心な話は未だ何もしていないにも拘わらず最初から自分の言い分だけをまくし立てて私の話を聞こうとせず、しかも、途中で勝手に席を立って消えてしまうのは教育委員長としてはあるまじき行為ですし、また失礼です。私は敢えてここで人権を持ち出す積りはありませんが、私の話を聞く態度さえ示さず、一方的に面談を打ち切るのは、本日の人権教育の講師の話に従えば、B氏は私の人権を侵害したということになります。普段の教育委員会の議論では、人権という言葉を振り回すB氏にはあるまじき行為と思います。

貴職は「教育するならX市で」をスローガンにしていますが、当市の教育委員会ではこれまでX市の教育をどうするかについて、何ら具体的な議論をしたことがありません。私は本日のB氏との議論でこの件についても触れ、X市の教育をよりよい方向にもってゆくための建設的な話し合いを考えていましたが、完全にぶち壊されました。

貴職は本日のこの件についてどのようなご感想をお持ちになったか、お考えをお聞かせくださるようお願い致します。

敬具

この手紙について一向に返事がなかったので教育委員会のあった二月十九日傍聴を終えて帰りがけに秘書課に寄り、回答を求めた。X市には「市長への手紙」という制度があり、市長は常々「市長への手紙はすべて目を通し、回答をしている」と豪語しているが、実態とはかけ離れている。

すると翌日以下のメールが届いた。

逃げる無責任な市長

【平成19年2月20日：メールによるX市長秘書課よりの回答】

Subject：教育委員長のあり方について（回答）

篠原寿一様

いつもお世話様です。

昨日、篠原様が秘書課に「教育委員長のあり方について」のメールについて市長から返事がない旨で訪ねてこられましたことを、市長に報告させていただきました。

市長からは、以下のとおり回答がありましたのでメール送信させていただきます。

①その場に居合わせておりませんのでコメントや感想は申し上げられません。

②個人的には、委員長Bは人格、識見の優れた方、又、非常に温厚な性格の方でもあると思っている者でありまして、私の尊敬するお一人です。

その方の言動がメール文章のようなことであったとはとても思えません。

③教育委員会に対し事実確認をとの件につきましては、大変申し訳ございませんがいたしかねます。

総務部秘書課秘書広聴担当

二十日余り後の回答がこれだった。

私は直ちに以下の手紙を送った。


【平成19年2月22日：X市長N宛】

前略　二月一日に貴職にお送りした質問に対する回答メールを拝読しました。

貴職は昨年市長に当選以来機会ある毎に「教育するならX市で」を謳い文句にしていますが、教育委員会の実態、教育委員長の説明責任の放棄、などについては調査する意思のないことを知り、失望しました。

先般、U埼玉県知事にお会いする機会があり、その際X市教育委員会の実態、教育委員長の私に対する応対などについて詳しくお伝えしました。また、翌日貴職宛メールの写しなど関連資料をお送りしたところ、直ちに、X市の教育委員会の様子は多分全国的な傾向と思う。トップである市長の意思が必要と思う。機会があればX市長Nとも話してみる。という内容のご返事を頂きました。

しかるに貴職は、私の質問状を三週間近く放置し、私に催促されて、その場に居合わせていないので感想は言えない、貴職の尊敬する教育委員長が私の書いたような言動があったとは思えない、教育委員会に対し事実確認する積りもない、というものでした。

教育委員会についての理解度、教育に掛ける情熱、質問者に対する対応など、知事と貴職では雲泥の差を感じます。

貴職は一体X市の教育をどのようにしたいのか、何を根拠に「教育するならX市で」と言い続けるのか、そのために教育委員会にどのような指示をしたのか、またはしていないのか、お尋ね致します。

ご回答は三月二日までにお願い致します。

草々

教育委員長への質問状（なぜ激高したのか）

教育委員長Bが突然怒りだし、席を蹴ったのは余りに大人気なく失礼な態度であったので、当人は勿論任責任者である市長の責任は徹底的に追及することに決め、なぜそのような暴挙にでたかの理由を、同じ日教育委員長にも手紙で尋ねた。

【平成19年2月22日：教育委員長B宛】

拝啓　向春の候、ますますご健勝のこととお慶び申し上げます。

先日はお忙しいところ面談の時間をお取り頂きありがとうございました。しかし、本題に入って十分もしないうちに一方的に面談を打ち切られてしまい残念でした。

あの日（二月一日）は貴教育委員会主催の人権問題講演会があり、貴職との面談はその直後でした。講演の内容にはいろいろ問題があると感じられ、この件はまた別途議論したいと考えています。

面談の前に貴職と連れ立ってトイレに行き、二人並んで用を足しましたが、面談になると途端に貴職の態度が変わりました。教育委員会は義務教育には責任を持つもののそれ以降には責任がない、そもそも成人式は教育の場ではない、などと顔を紅潮させて一方的にまくし立てました。このご意見にも異論がありますが、これも別途議論したいと思います。

これは、私が成人式の話を持ち出した直後です。まるで中学生が切れたような態度で一方的に面談を打ち切り、立ち去ってしまったことがよく理解できません。最近まともにコミュニケーションも取れない子供が増えていますが、貴職のあの時の態度はそれと同じと感じました。

一人取り残された私は帰りがけに教育長Cの部屋を訪ね一部始終を報告しましたが、教育長Cの反応は、B先生らしくないなぁという感想でした。私はその日の夜X市長Nに手紙を送り、貴職との面談の様子の概略を書いて市長の感想を求めました。三週間近く返事を待ちましたが音沙汰がなく、二月十九日の貴教育委員会傍聴の後市長部局に寄って処理状況を尋ねました。
その翌日市長から、①その場に居合わせていないのでコメントはできない、②貴職に私が書いたような言動があったとは思えない、③私が書いた貴職の言動の事実関係について確認する積りはない、との回答メールを受け取りました。市長は常々「教育するならX市で」と繰り返していますが誠に無責任な回答と思います。

そこで今回貴職に直接以下のことをお尋ねします。

(1) 貴職が面談を一方的に打ち切った際、貴職は私に対し「あなたは何も分かっていない、分かっていない人と話しをしても仕方がない」と言いました。この言い方は非常に無礼な物言いと思いますが、このことを今どう思っていますか。

(2) 貴職が立ち去る際私は貴職に、日本リスク・プロフェッショナル学会会報第六号に掲載された私の小論「成人式に見る大人の怠慢」のコピーを渡し、それを読んで、私がそれまでに行ってきた成人式正常化のための活動は本来教育委員会の仕事ではないか回答するよう求めました。貴職は回答を約束しましたが未だ回答がありません。その回答をお願いします。

(3)「あなたは何も分かっていない」ということですが、私は何を分かっていないのでしょうか。私の分かっていないことが何なのか説明してください。

ご回答は三月五日までにお願いします。

言うまでもありませんが貴職は教育委員長という重い立場にあり、納税者に対する説明責任があります。それを放棄したこの度の対応は極めて大人気ない行為であり、教育委員長としては不適切と思います。今後二度とこのようなことをしないよう強く要求します。

なお、この質問状は公開質問状とします。

敬具

写：X市長N
X市教育長C

三月五日まで待ったが回答はなかった．

私の質問状を無視して、このまま有耶無耶《うやむや》にしてしまおうという教育委員長Bの魂胆がありありと読み取れたので、断固そのようなことをさせないように督促状と質問状を送り続けた。

【平成19年3月6日：教育委員長B宛督促状】

前略

二月二十二日付で私は貴職に対し、

『（1）貴職が面談を一方的に打ち切った際、貴職は私に対し「あなたは何も分かっていない、分かっていない人と話しをしても仕方がない」と言いました。この言い方は非常に無礼な物言いと思いますが、このことを今どう思っていますか。

（2）貴職が立ち去る際私は貴職に、日本リスク・プロフェッショナル学会会報第六号に掲載された私の小論「成人式に見る大人の怠慢」のコピーを渡し、それを読んで、私がそれまでに行ってきた成人式正常化のための活動は本来教育委員会の仕事ではないか回答するよう求めました。貴職は回答を約束しましたが未だ回答がありません。その回答をお願いします。

（3）「あなたは何も分かっていない」ということですが、私は何を分かっていないのでしょうか。私の分かっていないことが何なのか説明してください。

ご回答は三月五日までにお願いします。』

と公開質問状を送りましたが、ご回答がありません。

速やかなご回答をお願い致します。

草々

写：X市長N

X市教育長C

また、二月二十二日付でX市長Nに送った質問状にも返事がなかったのでこの日市長にも督促状を送った。

【平成19年3月6日：X市長N宛】

前略

私は二月二十二日付書簡にて、『貴職は一体X市の教育をどのようにしたいのか、何を根拠に「教育するならX市で」と言い続けるのか、そのために教育委員会にどのような指示をしたのか、またはしていないのか』三月二日までに回答を求めましたが、未だご回答がありません。

速やかなご回答をお願い致します。

草々

いずれも返事はなかった。そこで、まず市長に対して四月二日付で再度督促状を送った。

市長への督促状（「教育するならX市で」の根拠を質す）

【平成19年4月2日：X市長N宛督促状】

前略

私の二月二十二日付質問状のご回答がないため、改めて三月六日付にて再度、『貴職は一体X市の教育をどのようにしたいのか、何を根拠に「教育するならX市で」と言い続けるのか、そのために教育委員会にどのような指示をしたのか、またはしていないのか』につき回答を求めましたが、未だご回答がありません。

三月二十六日の教育委員会でも貴職のいう「教育するならX市で」を支える議論は一切ありませんでした。一体何を根拠にこのようなことをアピールするのか、速やかなご回答をお願い致します。

草々

市長からの回答を待ったが、やはりなかった。そこで、四月の定例教育委員会を傍聴した後その日のうちに、教育委員長宛に当日の教育委員会の感想と、未回答の私の質問に答えるよう督促した。

茶飲み話のような教育委員会の意見交換

【平成19年4月23日：教育委員長B宛】

前略

本日は今年四度目の教育委員会を傍聴させて頂きありがとうございました。しかし、相も変わらず議論のための議論に終始し、失望したことを率直にお伝えしておきます。今回は事務局からの議題が少なかったため時間の余った分、何か議論することはないかと、貴職から提案があり結局以下のような話題になりました。

貴職の提供した話題は、日本教育再生会議の答申を受けて教育三法が今国会で成立しそうな状況で、それらが成立した場合、

一、授業時間を十パーセント増やされた場合、現場で対応できるか

二、学校選択性のような競争原理を教育界に持ち込んで問題ないのか

三、問題児を出席停止にした場合、学校の対応はどのようになるのか

四、不適格教員を教壇に立たせないことにする場合、何をもって不適格教員とするのか

などを、危惧するという内容でした。

しかし、このようなことを今頃言い出して一体何の議論になるのでしょうか。委員Fが質問

し、いみじくも教育長Cが答えたように一旦「法律が定められれば逆らうわけにはいかない」ことなのです。もし貴職が本気でこのようなことを危惧していたのであれば、日本教育再生会議が結論を出す前にX市教育委員会としての意見を取りまとめ、再生会議に意見を送るべきでした。再生会議には広く国民の意見を受ける窓口があり、私もそこには意見を送っています。そのような肝心のことをせず、今頃上述のような話題を持ち出して貴職は、どのような結論を導こうというのでしょうか。これは時間つぶしの議論もどきとしかいいようがありません。

それよりも、今日は教育長Cより重要な報告がありました。県が掲げる「教育に関する三つの達成目標」のうちX市は、特に、『規律ある態度』において小学五年生から中学三年生にかけて八十パーセントの目標に達していない項目が数多くあり、しかも県の平均達成率を下回っているものが多数あります。中学三年生に至っては十二項目中九項目が県の平均を下回っています。これは私の直感ともよく一致しています。

私は折に触れて教育長Cに対し、同和問題に極端に偏った現在の人権教育を見直し、道徳教育・倫理教育に力をいれるべきことを提言していますが、今のところ見直す気配は感じられません。X市の子供たちが規律ある態度において劣っているのは、過度な人権教育、及び、道徳教育には人権教育ほどには重点を置かないX市教育委員会の姿勢と無関係とは思えません。なぜX市の子供たちの規律ある態度が劣っているのか、X市の子供たちの規範意識を高めるには何が必要か、どのようにしたらよいか、このようなことこそ教育委員会で議論すべきと思うのですがいかがでしょうか。

X市の教育の問題点は偏った人権教育と、道徳教育への無関心のほか、南小学校に過度に児童が集中していることに関連して、三十人学級の見直し、通学区の見直し、なども検討すべき課題です。時間があるからといって、結論の出しようのない話題でお茶を濁している余裕はないはずです。

なお、貴職は、二月二十二日付公開質問状、

『(1)貴職が面談を一方的に打ち切った際、貴職は私に対し「あなたは何も分かっていない、分かっていない人と話しをしても仕方がない」と言いました。この言い方は非常に無礼な物言いと思いますが、このことを今どう思っていますか。

(2)貴職が立ち去る際私は貴職に、日本リスク・プロフェッショナル学会会報第六号に掲載された私の小論「成人式に見る大人の怠慢」のコピーを渡し、それを読んで、私がそれまでに行ってきた成人式正常化のための活動は、本来教育委員会の仕事ではないか回答するよう求めました。貴職は回答を約束しましたが、未だ回答がありません。その回答をお願いします。

(3)「あなたは何も分かっていない」ということですが、私は何を分かっていないのでしょうか。私の分かっていないことが何なのか説明してください。

ご回答は三月五日までにお願いします。』

に未だ回答しておりません。

三月六日、三月二十六日に書面にて督促しましたが依然回答がありません。教育委員長としてこれでよいのか、極めて疑問に思います。

速やかなご回答をお願い致します。

草々

写：X市長N

X市教育長C

これにも回答がなかった。この回答はしばらく待つことにして、一向に回答を寄越さない市長に改めて督促状を送った。

【平成19年5月12日：X市長N宛】

前略

私の二月二十二日付質問状のご回答がないため、改めて三月六日、及び、四月二日付の質問状で、『貴職は一体X市の教育をどのようにしたいのか、何を根拠に「教育するならX市で」と言い続けるのか、そのために教育委員会にどのような指示をしたのか、またはしていないのか』につき回答を求めましたが、未だご回答がありません。

三月二十六日の教育委員会でも、四月二十三日の教育委員会でも、貴職のいう「教育するならX市で」を具体化する議論は一切ありませんでした。一体何を根拠にこのようなことをアピールするのか、速やかなご回答をお願い致します。

教育に強い関心を持つ私の仲間が市のホームページを介してX市の教育行政につき貴職に多くの質問や意見を送ってくれましたが、貴職はそれにも一切回答をしていないようですね。このことで皆さんは、X市に非常に悪いイメージをお持ちになったようです。貴職の不誠実、無責任さ、怠慢が教育を蔑ろにするだけでなく、X市のイメージを貶めたことを自覚してください。

なお、五月二十五日までにご回答がない場合は、「教育するならX市で」という貴職のキャッチフレーズは何の根拠もなく、単に、さいたま市の「子育てするならさいたま市」のキャッチフレーズを真似て、語呂合わせしていたに過ぎなかったと判断致します。

草々

これにも市長は返事を寄越さなかった。市長はかつてある会合で、さいたま市には「子育てするならさいたま市」というキャッチフレーズがあるが、これに対してX市は「教育するならX市で」にしたいと話すのを聞いたことがある。結局この標語は根拠のない、単なる語呂合わせであったのだ。実際何の具体策もない。

黙《だんま》りを決め込む教育委員長への質問攻勢

ここに至って、もはや市長を相手にしても無意味なことを悟り、的を教育委員長に絞って回答があるまで質問を送り続けることにした。以下、教育委員長への手紙である。いずれにも回答はなかった。

【平成19年7月5日：教育委員長B宛】
公開質問状に対するご回答依頼の件

参照書簡一、平成十九年二月二十二日付貴職宛公開質問状
　　　　二、平成十九年三月六日付貴職宛督促状

三、平成十九年三月二十六日付貴職宛督促状
四、平成十九年四月二十三日付貴職宛督促状

拝啓　大暑の候、ご健勝のこととお慶び申し上げます。日頃は教育委員会を傍聴させて頂きありがとうございます。

さて、今年二月一日X市役所での人権研修会のあと貴職と面談した際、ものの十分もしないうちに貴職は一方的に面談を打ち切り、以下の質問状に述べるような暴言を吐いて立ち去りました。その事に関し私は参照書簡一の質問状をお送りし、三月五日までに回答を求めました。

本日でまる四ヶ月になりますが未だご回答がありません。その間、参照書簡二、三および、四の督促状をお送りしました。

ここに、改めて二月二十二日付公開質問状の質問三項目を繰り返しますので、誠意あるご回答をお願いいたします。
(1)貴職が面談を一方的に打ち切った際、貴職は私に対し「あなたは何も分かっていない、分かっていない人と話しをしても仕方がない」と言いました。この言い方は非常に無礼な物言いと思いますが、このことを今どう思っていますか。

（2）貴職が立ち去る際私は貴職に、日本リスク・プロフェッショナル学会会報第六号に掲載された私の小論「成人式に見る大人の怠慢」のコピーを渡し、それを読んで、私がそれまでに行ってきた成人式正常化のための活動は本来教育委員会の仕事ではないか回答するよう求めました。貴職は回答を約束しましたが未だ回答がありません。その回答をお願いします。

（3）「あなたは何も分かっていない」ということですが、私は何を分かっていないのでしょうか。私の分かっていないことが何なのか説明してください。

なお、ご回答は七月二十七日までに書面にてお願いいたします。

敬具

都合の悪い発言の議事録不掲載

【平成19年9月3日：教育委員長B宛】

公開質問状に対するご回答依頼の件

参照書簡一、平成十九年二月二十二日付貴職宛公開質問状

二、平成十九年三月六日付貴職宛督促状

三、平成十九年三月二十六日付貴職宛督促状

四、平成十九年四月二十三日付貴職宛督促状

五、平成十九年七月五日付貴職宛督促状

拝啓　初秋の候、ご健勝のこととお慶び申し上げます。

貴職に質問状をお送りしたのは厳冬の季節でしたがそれから春が過ぎ、夏が過ぎてはや半年以上が過ぎました。また、何度もご回答を督促しましたがそれでもご返事がありません。

私の質問は、次の3点です。

(1) 貴職が面談を一方的に打ち切った際、貴職は私に対し「あなたは何も分かっていない、分かっていない人と話しをしても仕方がない」と言いました。この言い方は非常に無礼な物言いと思いますが、このことを今どう思っていますか。

(2) 貴職が立ち去る際私は貴職に、日本リスク・プロフェッショナル学会会報第六号に掲載された私の小論「成人式に見る大人の怠慢」のコピーを渡し、それを読んで、私がそれまでに行ってきた成人式正常化のための活動は本来教育委員会の仕事ではないか回答するよう求めました。貴職は回答を約束しましたが未だ回答がありません。その回答をお願いします。

（3）「あなたは何も分かっていない」ということですが、私は何を分かっていないのでしょうか。私の分かっていないことが何なのか説明してください。』

半年以上回答を放棄して逃げ回っているのは見苦しくありませんか。貴職は教育者の鑑となる立場ですがこのままでよいのか。強く自省を求めます。

自省を求めるといえば他にもあって、教育委員会の場での貴職の発言もひどすぎますし、議事録への関与も問題です。貴職はしばしば発言の際週刊誌や新聞の三面記事を引用しますが、七月二十五日の教育委員会で貴職はサンデー毎日の記事を紹介し、その際「港区では二人担任制を取るようになり、不登校0（ゼロ）の学校が出てきている。お金を掛ければこの種の問題は解決する。安倍内閣はお金を掛けずに制度だけさわろうとしている。お金を掛ければ不登校は解決できる。」と発言しました。何とも不見識な発言と思いますが、今も本気でそう考えているのでしょうか。

しかも、この発言は八月三十日の教育委員会冒頭の前月議事録朗読を聞く限りでは記録されていません。これは公文書偽造にもあたる由々しき問題です。議事録は事務局の問題だとして貴職はまた逃げるでしょうが、昨年八月二十八日の教育委員会で、今年の成人式で国歌斉唱をするかどかで議論した際も、通常前月会議の議事録は翌月の教育委員会の冒頭に朗読されるのに、九月の教育委員会では八月の議事録は未だ出来上がっていないと称して十月に持ち越されました。これも、議事録の作成は事務局単独で作成しているのではないことを伺わせる出来事でした。教育委員会の会議では勝手なことを長々としゃべって会議をリードし、それを議事録に掲載しないのは問題ではありませんか。もし議事録作成に関与していないというのであれば、貴職の発言が掲載されないときは事務局に言ってそれを掲載させるべきではないでしょうか。

もう一点、七月の会議録に記載されていない部分があります。貴職の「最近は子供の生活力が落ちている」との発言を受けて教育次長Yが「そう感じている先生は多い。それは国語力が劣ってきたのが原因だ」と発言しました。すると貴職は「国語力が落ちているなかで(小学校から)英語教育をするのはおかしい」と発言しました。しごく真っ当な発言ですが、数ヶ月前X市教育委員会は小学校から英語教育も導入しようと決めたばかりです。その決定は貴職が議長を務める会議で決めたものですが、その舌の根も乾かぬうちに「国語力が落ちているなかで(小学校から)英語教育をするのはおかしい」と発言するのはどういうことなのか。

もし貴職が本当に「国語力が落ちているなかで(小学校から)英語教育をするのはおかしい」と思うのであれば、X市教育委員会は文科省の方針に反対を表明し、小学校での英語教育は取り入れない旨決議すべきでした。

何とも場当たり的、無節操、無責任な発言ですが、これも七月の議事録には記載されていません。教育委員会をリードする教育委員長がこれでは、教育界は乱れて当然です。もし反論があるなら反論してください。

繰り返しますが、教育者の鑑たるべき教育委員長がこれでよいのか、本音と建前を使い分け、都合の悪いことには頬かむりを決め込み、最低限の説明責任も果たさない。猛省を促すと共に最低限、

●今でも教育委員会には成人式の責任はないと思っているのか
●不登校はお金を掛ければ解決すると思っているのか
●国語力が落ちるなか小学生からの英語教育は必要と思っているのか、思っていないのか

については、速やかに文書でご回答ください。

敬具

写：X市教育長C

不見識な教育委員長発言の真意を質す

【平成19年9月27日】

公開質問状に対するご回答依頼の件

参照書簡一、平成十九年二月二十二日付貴職宛公開質問状
二、平成十九年三月六日付貴職宛督促状
三.平成十九年三月二十六日付貴職宛督促状
四.平成十九年四月二十三日付貴職宛督促状
五、平成十九年七月五日付貴職宛督促状
六.平成十九年九月三日付貴職宛督促状

拝啓　中秋の候、ご健勝のご様子何よりとお慶び申し上げます。

さて、参照書簡にて貴職には以下の質問を繰り返しお送りしていますが、未だご回答がありません。

質問は、次の三点です。
（1）貴職が面談を一方的に打ち切った際、貴職は私に対し「あなたは何も分かっていない、分かっていない人と話しをしても仕方がない」と言いました。この言い方は非常に無礼な物言いと思いますが、このことを今どう思っていますか。

（2）　貴職が立ち去る際私は貴職に、日本リスク・プロフェッショナル学会会報第六号に掲載された私の小論「成人式に見る大人の怠慢」のコピーを渡し、それを読んで、私がそれまでに行ってきた成人式正常化のための活動は本来教育委員会の仕事ではないか回答するよう求めました。貴職は回答を約束しましたが未だ回答がありません。その回答をお願いします。
（3）「あなたは何も分かっていない」ということですが、私は何を分かっていないのでしょうか。私の分かっていないことが何なのか説明してください。

更に九月三日の督促状で、
●今でも教育委員会には成人式の責任はないと思っているのか
●不登校はお金を掛ければ解決すると思っているのか
●国語力が落ちるなか小学生からの英語教育は必要と思っているのか、思っていないのか
の三点を追加質問いたしました。併せてご回答ください。

これまでに何度か指摘しましたが、教育委員会の会議における貴職の発言にも問題があります。昨日の委員会で教育長Cより改正された地方教育行政法の説明があった際、新たに追加された第二十七条『教育委員会は、毎年、その権限に属する事務（前条第一項の規定によ

り教育長に委任された事務その他教育長の権限に属する事務（同条第三項の規定により事務局職員等に委任された事務を含む。）を含む。）の管理及び執行の状況について点検及び評価を行い、その結果に関する報告書を作成し、これを議会に提出するとともに、公表しなければならない。』の説明について、いろいろ不平を述べました。

主なものを挙げれば、

・教育委員の責任範囲（できることが何なのか）が分からない
・実働月一回では新しい法律には対応できない
・これほど大きな仕事は丸一日かけないとできない
・そのようなことをするには教育委員が事務局に常駐する、常勤でなければ出来ない
・教育委員は教育の根本にかかわる意見を述べるものであって学校の仕事は学校にまかせるべき

などというものでした。

これまでのX市教育委員会会議（以下「会議」）を傍聴する限り、会議では常に事務局が用意した提案について教育委員はせいぜい初歩的な質問をするだけで、提案の修正や否決はしたことがなく、まして教育委員自らの「教育の根本」にかかわる提言や提案など出たためしがありません。

要するに、このような馴れ合い、閉鎖的、形骸的な教育委員会を打破することがこの法律の目的とするところのはずですが、私の質問に答えようともせず、自身は教育の専門家と自惚れ、成人式を教育委員会が主催しながら成人式は教育委員会の責任ではない、と言い張る貴職には、この法律の趣旨がまったく理解できていないように思います。教育委員が事務局に張り付いてその仕事ぶりをチェックすると勘違いするようでは、貴職には新しい法律に基づく任務は無理と思います。

それでなくとも貴職は、前回の中学校教科書採択で、事務局から、委員さん達も教科書に目を通して欲しいといわれた際、自分は教育委員になりたくてなったわけではない、頼まれたから仕方なくやっている、（それなのに、この上）教科書まで見ろというのか、と噛み付きました。教科書採択こそ教育委員の最も大切な職務のひとつですが、それを拒むような発言は教育委員として失格です。

第二七条に戻りますが、報告書を議会に提出し、また、これを公表することも非常に大切です。今のような閉鎖された教育委員会の弊害は計り知れません。大切な会議が貴職の放言や不満を聞くために浪費されている実態も広く知ってもらいたいと思っています。

上記六点の質問とともに、私の見解に対するご意見をお聞かせください。

敬具

写：X市長N
X市議会議員H
X市教育長C

レベルの低すぎる雑談

【平成19年12月19日：教育委員長B宛】
教育委員会のあり方と公開質問状に対する回答依頼の件

参照書簡一、平成十九年二月二十二日付貴職宛公開質問状
　　　二、平成十九年三月六日付貴職宛督促状
　　　三、平成十九年三月二十六日付貴職宛督促状
　　　四、平成十九年四月二十三日付貴職宛督促状
　　　五、平成十九年七月五日付貴職宛督促状
　　　六、平成十九年九月三日付貴職宛督促状
　　　七、平成十九年九月二十七日付貴職宛意見書および督促状

拝啓　師走の候、ご健勝のこととお慶び申し上げます。

さて、本日の十二月定例教育委員会（以下「教委」）を傍聴しましたが、余りに当事者意識の欠落した意見交換を見過ごすわけにはゆきませんので、その意見を述べると共に、本年二月二十二日の質問に未だご回答がありませんのでその督促をいたします。

今月の教委は議題が教育長の任命だけでしたから時間が余り、貴職の提案で教育に関する（議論には程遠い）意見交換がありました。その際の貴職を初めとする委員の発言内容が余りにも低レベルで、しかも、余りにも当事者意識に欠けているのには呆れ、次第に憤りが募りました。

まず、当市の三十人学級が話題になりました。委員Fより「三十人学級はどのように編成されるのですか」という初歩的な質問に始まり、また、貴職は、三十人学級は、教員の定数はどのようになっているのかと質問しました。

この二つの質問はX市独自の三十人学級推進事業実施要領をまったく理解していないものであり、これだけでも教育委員としては失格です。教育次長Yより、三十人学級を編成するために教員が不足するときは市が市の財政負担で、当該事業の実施に伴って必要となる職員（以下非常勤職員という）を採用していると説明しましたが、その任免は教育委員会が行うのです。そのようなイロハも分からない人間が教育委員に納まっていることに、まず呆れました。

この三十人学級の効果について二年ほど前に教育委員会で報告がありましたが、実質的な効果は漠然としたままで、やはり少人数のクラス編成の方が子供たちにはよいだろうという極めて情緒的な理由で継続することが決まりました。

三十人学級は前市長の選挙公約で実施されたものですが、極めて選挙目当てのパフォーマンス的意味合いが強く、しかし、市長が代わっても一向に見直そうという機運がありません。埼玉県が三十五人学級を基本に据えている現在、これに統合するほうが財政面からも賢明と私は思いますが、県の基準より五名減らしてどれ程高い効果を上げるのか、そのような議論こそ教委で行うべきと思います。しかし、それを議論する基礎知識さえ貴職は持っていないことを今回の会議で露呈しました。

次に全国一斉学力試験が話題になりました。この件につき貴職は、成績をどこまで公表するのかと教育長に尋ねました。教育長の回答は、学校別はおろか市内の平均点も公表する予定はないとのことでした。この話題もこれで終わってしまいました。

いやしくも教育委員たるものは、それを公表するかどうかは別にして各学校の成績、当市の成績の他市町との比較、今後取るべき対策、など当市の子供達の現状と今後の課題などについては議論すべきですが、貴職にその意識はなく、公表しないと聞いて「ああそうですか」で終わってしまうのでは教育委員として余りにお粗末ではないでしょうか。

次が「ゆとり教育」の話題でした。このことについて貴職から質問された教育次長Yは「ゆとり教育は失敗だったと思います。子供はもっと勉強すべきです。小学一年生は給食を食べて帰ってしまうのはどうかと思います。家に帰って何をしているのか疑問に思います。」と答えました。本来このようなことは事務方に聞くようなことではなく、教育委員が自身の見識を発揮して事務方に改善を指示すべきものですが、事務方の意見を拝聴して終わるようでは、これも教育委員として失格です。

次に子供の学力低下、特に理科離れが話題になりました。その際南中学の理科の先生が先日NHKのテレビで紹介されていて嬉しかった、ああいう先生がもっと増えるようになればよいというような感想を貴職は述べました。

これとて貴職がああいう先生がもっと増えればよいと感想を述べるのではなく、その先生の教え方（の技術）を市内の他の先生に普及させる仕組みをつくるのが貴職等の役割ですが、その自覚がまったくありません。このK教諭はX市が育てた教諭ではなくたまたま他市から転勤してきた先生ですが、その先生が当市にいる間に市内の理科の教諭のレベルアップを図る施策は当然教育委員会が実施すべきです。ところが、上に述べたように、ああいう先生がもっと増えるようになればよいという感想を他人ごとのように述べるだけですから、呆れるよりも憤りも感じます。

その際教育長Cが、日本の子供の学力が下がっているのも問題だが、最も問題なのは、勉強を楽しいと思う子供が日本は世界で最下位だと嘆いてみせました。これとて、嘆く前にそうしてしまった原因を究明し、子供達が勉強を楽しいと思うように教え方を研究し、それを学校に普及させるのが教育委員に期待される役割です。

その後携帯電話やテレビの話、パソコンの話などが出て、宿題の話になりました。教育次長Yによれば子供達は学校の宿題よりも塾の宿題を優先しているとのこと、学校で塾の宿題をやっている子もいる、先生にとっては宿題を出した後のチェックが大変なので嫌がる人がいる、など驚くべき実態を明かしました。

しかし、これについても唯々教育次長のお説を拝聴するばかりで、ではどうするかという議論にはなりませんでした。

その後貴職は、以前視察した杉並区の学校で先生として塾の講師を招いている、なぜそのようなことをするのか戸惑っている、と心情を吐露しました。その裏には、塾の講師を教師として招くのは、それによって学校の進学の成績を高めようとする目的があるからだ、と誤解しての発言でした。すなわち貴職は、それが学校の教師達の教え方がお座なりで工夫がないことを改善するための処置であることが分かっておらず、委員Dから、塾の講師は一つの問題をいろいろな解法で解いてみせるのに対し、学校の教師は一つの問題には一つの解法しか教えない現実を教えられて、初めてその意味を理解する始末でした。

最後に教育次長Yが、自分は英語の教師だが子供達からなぜ英語を勉強しなければならないかを尋ねられてもうまく答えられない、生きることとはどういうことか聞かれてもうまく答えられないと発言し、今教師はそういうことを教えられることが求められている時代だ、と述べました。

大学を出て直ぐに教師になり、実社会の経験のない教師にはこのような質問には答えられないことを正直に白状することは結構ですが、ではどのようにしてそのような教師に教えられる力を付けさせるか。これこそこの場で議論すべきことですが、そのような問題意識はまったく浮かばないようで、埼玉県の研修センターを、今般行田市のような不便なところに移したのは（県が）教育を軽視しているからではないか、などと貴職は言い出しました。

このように、まったくことの本質がわからず、茶飲み話で教育委員会の時間を潰すなどもってのほか、税金の無駄遣い以外の何ものでもありません。

これを茶飲み話というのは、貴職をはじめ教育委員には当事者意識が完全に欠落していて、これらの問題をX市としてどう取り組もうかという意識がまるでないからです。五年余当X市教育委員会の傍聴を続けてみて、当市にこのような教育委員会は不要だと思います。反論があればお聞かせください。

なお、貴職には本年二月に二十二日の公開質問状で、

(1) 貴職が面談を一方的に打ち切った際、貴職は私に対し「あなたは何も分かっていない、分かっていない人と話しをしても仕方がない」と言いました。この言い方は非常に無礼な物言いと思いますが、このことを今どう思っていますか。

(2) 貴職が立ち去る際私は貴職に、日本リスク・プロフェッショナル学会会報第六号に掲載された私の小論「成人式に見る大人の怠慢」のコピーを渡し、それを読んで、私がそれまでに行ってきた成人式正常化のための活動は本来教育委員会の仕事ではないか回答するよう求めました。貴職は回答を約束しましたが未だ回答がありません。その回答をお願いします。

(3)「あなたは何も分かっていない」ということですが、私は何を分かっていないのでしょうか。私の分かっていないことが何なのか説明してください。

と質問しましたが、未だ回答がありません。

更に九月三日の督促状で、

●今でも教育委員会には成人式の責任はないと思っているのか

●不登校はお金を掛ければ解決すると思っているのか

●国語力が落ちるなか小学生からの英語教育は必要と思っているのか、思っていないのか

の三点を追加質問しました。

本日の意見交換での当事者意識のなさといい、上記の質問を一年近く放置する無責任さといい、これを貴職は納税者に何と説明する積もりなのでしょうか。

敬具

写：X市長N
X市議会議長P
X市教育長C

成果のいいとこ取り

【平成20年2月20日：教育委員長B宛】

教育委員会のあり方と公開質問状に対する回答依頼の件

参照書簡 一、平成十九年二月二十二日付貴職宛公開質問状
二、平成十九年三月六日付貴職宛督促状

三、平成十九年三月二十六日付貴職宛督促状
四、平成十九年四月二十三日付貴職宛督促状
五、平成十九年七月五日付貴職宛督促状
六、平成十九年九月三日付貴職宛督促状
七、平成十九年九月二十七日付貴職宛意見書および督促状
八、平成十九年十二月十九日付貴職宛意見書および督促状

拝啓　早春の候、ご健勝のこととお慶び申し上げます。

さて、本日の二月定例教育委員会の冒頭貴職は、教委事務局職員による前月議事録朗読の際、X市の成人式で国歌斉唱が行われるようになったのは平成十七年からではなく、平成十九年からであることを指摘しました。それはその通りですが、その際「成人式が平成十七年から静かに行われるようになったので平成十八年からは成人式で国歌斉唱することを考えたが、一応様子をみて平成十九年からにした」と発言しました。

しかし、この発言は、あたかも貴職の発案で平成十九年の成人式から国歌斉唱をするようになったと思わせるような発言ですが、事実は異なりますので、そのことをここに明確に指摘しておきます。

成人式はX市とX市教育委員会で共催しながら、貴職はこれまで教育委員会は成人式に責任はないと言い続けてきました。一方でそのように責任逃れをしながら、他方で、成人式で国歌斉唱することが何の問題もなく軌道に乗り始めた途端、あたかも、それを主導したのは自分であると思わせるような発言をするのは、教育者としてあるまじきことと思います。

私は、平成十七年の社会教育委員会で成人式に国歌斉唱すべきかどうか議論するよう教委事務局社会教育課の担当者に働きかけ、正式な議題に取り上げてもらいました。社会教育委員会では委員全員、成人式では国歌斉唱はすべきという意見で一致しました。ところが、これを受けたその年の暮れの教育委員会では、二名の教育委員が明確に社会教育委員会の結論を支持したにもかかわらず、貴職と教育長の反対で平成十八年の成人式の国歌斉唱は見送られました。

貴職が反対した理由は、かつて貴職が校長であった時、県の指導で式典で国歌斉唱をしたところ教職員から強く非難された経験がある、成人式は市の主催だから教育委員会にそれを決める権限はない、成人式は指導の場ではない、お祝いの場である、国歌は自発的に歌うものであり（成人式という場で歌って）大丈夫かなという心配がある、等々をあげました。

一方教育長Cもこれに同調し、更に、予想される事態として関係筋（市長部局、議員）から「何なんだ」と言われる心配がある、手続的な点で問題がある、などとして社会教育委員会の結論を覆した事実があります。
そのような事実を今になっては知らぬ顔を決め込み、平成十八年から国歌斉唱することを考えていたが平成十九年からにした、などと発言するのは不適切と思います。

ところで、貴職とは昨年二月一日の人権教育と称する、実態は同和教育中心の研修会の後教育委員会のあり方について二人だけで懇談しました。ところが貴職はものの十分もしないうちに突然理由もなく激高し、一方的に立ち上がり面談を打ち切るという不謹慎な行動を取りました。そこで私は参照書簡一の公開質問状を貴職に送り回答を求めました。

その内容は、

（1）貴職が面談を一方的に打ち切った際、貴職は私に対し「あなたは何も分かっていない、分かっていない人と話しをしても仕方がない」と言いました。この言い方は非常に無礼な物言いと思いますが、このことを今どう思っていますか。

（2）貴職が立ち去る際私は貴職に、日本リスク・プロフェッショナル学会会報第六号に掲載された私の小論「成人式に見る大人の怠慢」のコピーを渡し、それを読んで、私がそれまでに行ってきた成人式正常化のための活動は本来教育委員会の仕事ではないか回答するよう求めました。貴職は回答を約束しましたが未だ回答がありません。その回答をお願いします。

（3）「あなたは何も分かっていない」ということですが、私は何を分かっていないのでしょうか。私の分かっていないことが何なのか説明してください。』

でした。

更に昨年9月3日の督促状の中で、

●今でも教育委員会には成人式の責任はないと思っているのか

●貴職は、不登校はお金を掛ければ解決すると発言しましたが今でもそう思っているのか

●国語力が落ちるなか小学生からの英語教育は必要と思っているのか、思っていないのか

の三点を追加質問しました。

X市長Nは外に向けては『教育するならX市で』とアピールしながら、教委の実態については知ろうともしません。そのせいかどうか分かりませんが、その後参照書簡二〜八で貴職に回答を求め続けましたが未だ回答がありません。

速やかなご回答をお願い致します。

敬具

写：U埼玉県知事
X市長N
X市議会議長P
X市教育長C

県知事への直訴

U埼玉県知事は教育に熱心な知事として知られ、教育が今のようにおかしくなったのは親がおかしくなったからだ、親をまともに教育し直さなければ子供は良くならないとの意見の持ち主で、「親学」の必要性を説いてこられた。平成十九年二月三日に埼玉県で「親学推進協会」の発会式があったが、この時、発起人の一人として昼のシンポジウム、夜の懇親会とも始めから終わりまで出席された。

私もこの考え方には同感なので、昼、夜共に出席した。あらかじめX市教育委員会教育長Cにもこの発会式のあることを知らせ、出席するよう勧誘していたが誰も姿は見せなかった。

二月三日の親学推進協会発足会のパーティーで知事の面識を得、その際X市教育委員会のこれまでの経緯については知事に伝えておいた。

この一年間教育委員長には質問状を送り続けたが一向に埒《らち》があかないので、この傲慢な教育委員長のことを知ってもらうために二月二十日の教育委員長への手紙の写しを知事にも送っておいた。

実は、この傲慢な教育委員長に質問状を送り始めた時から、知事には適時その質問状の写しを送っていた。その都度知事からは私の意見に賛同するとの返信をもらった。

二月二十日の手紙を知事に送ると三月十日に知事から、「この件については自分から県教育委員会を通じてX市教育委員会に伝えておきます。X市教育委員長と今一度よくお話合い頂ければと思います。」との返事を受け取った。

そこで頃合いを見計らって教育長に電話して、一度教育委員長と面談したい旨申し入れた。さすが知事からの仲介にはX市教育委員会も面会を拒否するわけにもゆかず、四月の定例教育委員会の後教育委員長との面談が実現した。

教育委員長との一年三ヶ月ぶりの対峙

面談は平成二十年四月二十三日、教育委員会の後、教育委員立ち会いのもとに実現した。前年の二月一日よりすでに一年三ヶ月が過ぎていた。私も、この面談で言った、言わない、のトラブルが後で起きないように証人として、知人のK氏に同席してもらった。面談の目的は、なぜ教育委員長Bが面談の途中で切れて、子供のような態度で席を蹴って立ち去ったのかを質すため、また、私のこれまでの質問に対する回答を得るためである。

定例会の傍聴の後、一旦会議室を出て、廊下で待機していると、委員長Bの声が会議室から漏れ聞こえてきた。曰く「本日教育委員会の後、篠原さんと面談することになった。彼がどんな問題を持ち出してくるか分からないが、彼がどんな人間なのか一緒に聞いてもらって判断してもらいたい云々」。私も、B氏がどんな人間なのか教育委員に知ってもらう良い機会になると考えながら聞き流していた。

面談では、教育長Cがこれまでの一連の経緯を居並ぶ教育委員に説明し、B氏に発言を促した。冒頭B氏は「まず、お詫びしなければならない」と切り出し、昨年二月一日の同和問題を中心とした人権研修の後の面談で取った態度は失礼であったことを認めた。同氏には心臓の持病（不整脈）があり、面談前にそれを抑える薬を飲んでおけば良かったが、飲むと眠くなるので飲まなかった。私（篠原）との面談では、当時の安倍内閣が進めていた教育再生会議のことが話題になると予想していたが、そうではなく、X市の成人式のことが持ち出された。予想もしなかった話題だったので急に心臓がバクバクして不整脈が発生した。そのためにあのような失礼な態度を取ってしまった、改めてお詫びしたいとのことだった。

そこで、私は、この一年間に九通の質問状をB氏に送り、この無礼な態度を今どのように思っているか、成人式の正常化に私（篠原）が果した役割は本来教育委員会の仕事ではないか、「あなたは何も分かっていない」と私を罵倒したが、私は何を分かっていないのかを尋ねた。

B氏はその質問に答える前に、私の経歴を尋ねた。私は某外資系コンピュータ会社を早期定年退職した後、三年間コンピュータの専門学校に奉職した。この学校は荒れ放題に荒れていたが私は奉職一年で正常化し、清掃のおばさん達から篠原先生のお陰で学校が見違えるように良くなったと感謝されたことを伝えた。この経験が、X市の荒れ放題の成人式を看過できず、何の対応策も取ろうとしない教育委員会の責任を厳しく問い質していると答えた。

B氏はこの私の経験を知らなかったこと、及び、校長時代卒業式で会場に国旗を掲揚する際教職員から、戦時中、中国侵略で使った同じ国旗を卒業式でなぜ掲揚するのか責められて苦労した経験を話し、それが、「あなたは何も分かっていない」と罵倒した理由であると答えた。

私は、そのような事例はいくつも、雑誌などを読んでよく知っている。そのようなことよりも、中国を日本が侵略したということ自体事実と異なる、もっと勉強して欲しいと迫ったがB氏は聞く耳を持たなかった。

Ｂ氏は私の質問状に回答しようと（自筆で書くのは嫌なので）七万円でワープロを購入したが、フロッピーディスクが当該ワープロとうまく接続できず、回答が書けなかったと弁解した。（この意味はよく分からなかったが、敢えて質問することは時間の無駄なので止めた。）

Ｂ氏は常々教育委員会は成人式に責任がないと言い続けていたが、このことを今どう思うかと問うと、そんなことは絶対に言っていない、と強く否定した。あれだけ言っておきながら今更白を切る厚顔さには呆れるほかなかった。また、成人式は、今はうまくいっているのになぜそのようなことを蒸し返すのかと尋ねてきた。

過去の反省をしようとしないのはＸ市行政の体質ともいうべき悪弊で、教育委員会に限らず市役所内でもいろいろな局面で反省することを嫌う。これは、反省することで過去の責任を問われるのを恐れるからと考えられるが、たとえ今うまくいっているとしても、何が問題だったのか、それをどのように改善したから今うまくいっているのかという視点がないと、本当の改善にはならない。その教訓が大事なのだ。しかしＸ市は、いつになっても抜本的な問題点が放置され、教訓が蓄積されない。そのようなことを答えた。

成人式に教育委員会は責任がないとＢ氏は何度も言っていたが、この度、そんなことは絶対に言っていないと強く否定し堂々巡りになったので、それ以上深追いはしなかった。

しかし、次の問答からB氏は、教育委員として成人式にどのような姿勢で向き合ってきたか、本音を語った。

視点を変えて私は、B氏に「成人式とは何ですか」と質問した。B氏は成人式が定着した経緯などを縷々《るる》述べた後、平成十八年八月二十八日の教育委員会議事録のB氏の発言を延々と読み出した。これはP.65～に掲げた議事録のB氏の発言部分である。

要約すれば、学校の式典は学習指導要領に則って行われる。リハーサルもできる。しかし、成人式は、主催者と参加者は一日限りの関係で、指導する側と指導される側の関係ではない。式典は厳粛であるべきだが、学習指導要領の範疇ではないので強制できるものではない。などともっぱら表面的、形式的なことにばかりに拘っていたのである。

私の答えは簡単である。『成人式は若者に、日本人として、日本国民であることを自覚させる儀式である』と告げた。B氏もこの意見に一応同意した。このことをしっかり認識していれば、成人に相応《ふさわ》しくない振る舞いの者には厳しく注意し、国歌斉唱を「してくれるかどうか」心配するのではなく、国歌斉唱するよう求めれば良いだけのことである。

教育委員長は、多大の税金を投入して式典を主催しているのもかかわらず、主催者としての自覚がまるでない。日教組が主張する「教師も生徒も同じ人間」の姿勢そのものである。指導するにはリハーサルが必要、リハーサルが出来なくては指導ができない、など論外である。新成人の自覚を待つだけなら成人式などする必要がない。

要は、国家意識があるかないか、それだけである。議員や市長部局に常に気配りし、自分の考えや主張を前面に出すよりも周囲の顔色をうかがい、無難なところに落しどころを見つけるやりかたは教育委員として相応しくない、失格である、と考える旨伝えた。

B氏は、自分は勲四等の叙勲を受けている、自分の教育人生を否定するような意見は受け入れられないと猛烈に反発した。（勲四等を自慢するのは笑止だが、本論とは関係ないのでわきに置き）私は、叙勲されたことを認めるのに吝《やぶさ》かではないがそれは過去の業績に対する褒賞であって、それを振り回して自分の意見を通そうとするやり方には認められないと反論した。

今回は主として成人式を中心にしたことしか話し合えなかったが、二人の間には埋めがたいギャップのあることを痛感した。

また、別れ際にT埼玉県教育委員会委員長のコラム『教委主導は時代の要請』（産経新聞平成二十年四月十八日付け）のコピーを手渡したところ、「ああやっぱり。私はこの人とは合わない」と露骨に嫌な顔をした。

第四章　教科書出版会社との癒着疑惑

副読本版下制作の怪しい説明

教育委員会で教科書採択の議論をする際、事務局から教育委員へのアドバイスとして、採択する教科書は、それに関連する資料の豊富さが重要だと常に指摘される。その意味するところは、長年使っている教科書会社には教科書の理解を深める副読本などの資料が充実していて、それを教科書採択では考慮すべきだ、ということである。

X市教育委員会では、二十年以上に渡って小学校三、四年生向けの社会科授業の副読本として『XYZ』を発行している。この副読本の中には子供のキャラクターが登場するが、これが社会科の教科書に登場するキャラクターとよく似ている。

私は長年教育委員会の傍聴を続けているうちに、X市教育委員会は教科書会社から、このキャラクターを無償で使わせてもらっているとの情報を得ていた。そこで、平成二十三年度の中学校教科書採択に先立つ市議会において、採択に関する一般質問でこの問題も含めて、教育問題に関心のある議員Uに質問してもらった。

一般質問に先立ち議員Uは事務局に出向き事前ヒアリングを行ったところ以下の事実が判明した。

一、副読本『XYZ』は平成三年から東京書籍と随意契約を結んでいた

二、内容（原稿）はX市教育委員会がつくっており、印刷だけを東京書籍に依頼していた
三、副読本で使っている東京書籍のキャラクターは使用料を払って使わせてもらっている
四、その使用料としていくら払っているかは、今は（直ぐには）分からない
五、印刷料として、二千部で二百六十二万五千円を支払っている

これをベースにして議員Uは本会議で教育長に対し、二十年も同じ東京書籍に随意契約で副読本の印刷を頼んでいるのは問題ではないか、と質問した。これに対し教育長は、議員の指摘の通りである、今後は一般競争入札に切り替える、と答弁した。

これは一種の教育委員会と教科書会社の癒着である。副読本を特定の教科書会社に依存し、（その見返りとして）教科書はその教科書会社のものを使うという構図であれば大問題である。

このことは翌六月二十九日の産経新聞朝刊に三段抜きの見出しで報道された。見出しには『東京書籍　副読本印刷を独占受注　X市と随意契約二十年超』の活字が躍り、記事が以下のように続いた。

埼玉県X市内の小学校で使用されている社会科副読本の印刷を二十年以上にわたって、教科書会社「東京書籍」（東京都）が随意契約で独占受注していたことが分かった。同市内では

東京書籍一社の教科書が採択され続けていた。市教委ではこうした契約形態は不透明だと認め、一般競争入札に改めるとしている。公正な採択維持の観点から、教科書会社による教委などへの便宜提供は禁止されている。副読本は同市や埼玉県の歴史や産業を学ぶために編集された「ＸＹＺ」。市内の小学校教員らが編集し、小学校三、四年生に使用されていた。改訂の度に約二千部印刷されてきた。市議会の質疑や関係者によると、印刷は東京書籍一社が随意契約で独占的に受注。少なくとも平成三年度以降、二十年近く続いていた。前回改訂された二十年度には、市は印刷料とイラスト料など計約四百万円を支払う契約だったという。

同市内の社会科の教科書のうち、小学校は八年度以降東京書籍版が使われ、中学校では昭和五十六年度以降、地理、歴史、公民全てで同社版が採択され、他社が選ばれたことはなかった。文部科学省の指導や教科書協会の行動基準では公正な採択を維持するために「直接間接を問わず、採択関係者への金銭、物品、供応、労務の提供やこれに類似する経済上の利益を供与し、または供与することを申し出る」ことを禁止している。印刷契約について、市教委側は「改訂が一部にとどまるため、請け負い、ミスもない東京書籍と契約した」と説明したが、「随意契約が続いていたのはよくない」と非を認めた。市教委は二十三年度の改訂版から「契約内容の透明性を確保する」（教育長Ｃ）として、一般競争入札に変更する考えを示した。

市教委の説明では、副読本の内容（原稿）は市教委が書き、印刷だけは東京書籍に依頼したと述べているが、これも極めて怪しい。副読本の文章は市教委や現場の教師が書いたとしても、図表や写真、イラストをレイアウトし編集するのは素人の手に負えない。市教委の説明ではこれらの作業はすべて市教委側が行い、印刷のみを東京書籍に依頼したとの説明であるが、虚偽の疑いが極めて高い。そこで私は、市教委の説明はわれわれ住民を欺くものではないかと疑って、以下の手順でこの疑惑を追及した。

荒唐無稽な競争入札の説明

手紙による問合せでは埒《らち》があかないので、平成二十三年十月二十六日市教育委員会を訪ね、副読本の競争入札がどのように行われているかを直接調べることにした。教育委員会を訪ねた時点で既に競争入札は実施されていて、各社の見積り金額が提示されていた。そこで、この見積り金額を得るために教育委員会は各社に何を提示して入札したのか。その際の資料の開示を求めた。

ところが、その資料は未だ出来ていないというのである。見積り金額は既に出ているのに、その見積り金額の算出根拠となる資料が未だ出来ていないとはどういうことか。疑えば、見積りとは名ばかりで、談合で数字を決めたに過ぎないということになる。

そこで、応対してくれた指導主事Sに、見積り基準となった今現在出来ている限りの資料の開示を強く求めたところ、今は見せることができない、そのことについては後日電話するとのことだった。

そして、十月三十一日に同氏から電話があり、今度印刷に出す原稿は現在改定執筆中であり、十二月まで掛かる、との返事だった。それでは、何を根拠に入札者に見積り依頼したのか、その時の資料を見せて欲しいと再度求めると、S氏は沈黙してしまって埒《らち》が開かない。そこで私は、見積り資料なしに見積り依頼したのであれば、その旨書面により回答して欲しいと依頼した。すると彼は、上司と相談すると答えて電話は切れた。一時間後に再度電話があり、書面による回答は出来ないとの返答。まるで子供の使いである。そこで私は、このことについて教育長に次の手紙を書いて質した。

不明朗な副読本入札を教育長に質す

【平成23年11月3日：教育長C宛】

拝啓　晩秋の候、ご健勝のこととお慶び申し上げます。先日は教科書採択に関わる資料を閲覧させて頂きありがとうございました。

さて、その際、小学校高学年用副読本「XYZ」の印刷契約に関連して疑問が生じましたので担当者（指導主事S）に質問と依頼をしたところ、即答は出来ないので、検討して後日回答するということになりました。その質問・依頼とは、

①東京書籍とはいつから印刷の随意契約を結ぶようになったのか。

②これまでのような東京書籍との随意契約を止め、今年度は三社による競争入札にしたことは分かったが、その際、見積りのために応札者に渡したすべての資料を見せて欲しい。

の2点です。

この件に関し十月三十一日にS氏から電話があり、質問①については平成十年からであるとのこと。依頼②については「XYZ」の原稿は現在執筆中であり、完成は十二月末だから見せられない、とのことでした。

この回答によって次の疑問が起こりました。すなわち、印刷の競争入札は既に終わっているのであるから、応札者はどんな資料を基にして見積り金額をはじき、応札したのかということです。この点をS氏に尋ねたところ沈黙するばかりで、納得できる回答はありませんでした。

そこで私は、入札に際しての資料が無いのであれば無いでもよい、そのことを文書にして当方に送ってくれるよう頼みました。するとS氏は、即答はできない、検討するから暫く待って欲しい、ということで電話は切れました。その後一時間ほどして再びS氏から電話があり、

文書による回答は出来ない、とのことでした。単に電話でそのようなことを言われても、これでは回答になりません。このような口頭の回答では、当然のように後日「言った」「言わない」の齟齬が生じ、トラブルになることは経験上明らかです。

そもそも、十月二十六日午後四時から市役所三階会議室において副読本入札資料を閲覧させて頂いた際、S氏より来年度版の「XYZ」は改訂する、その執筆はX市教育委員会が行う、との説明がありました。その時私は当然に、入札説明会にはその原稿は出来ていて、それを基にして各社は応札したものと想像しました。それゆえに応札各社は見積もり金額を算出し、最も安価だった東京書籍が落札したものと思いました。

東京書籍の落札金額は二千部の印刷で二百六十二万円でした。平成二十一年度の東京書籍への支払いは二千部で四百三十万円でした。なぜ今年度の金額が百六十八万円、率にして四十パーセントも安くなったのかについて尋ねたところ、S氏の回答は、改訂版は図表を減らして文章を増やしたからだとのことでした。それでは、どの部分をどのように変えたのか、その資料を見せて欲しいとお願いしたところ、指示はすべて口頭であり、書面はないとのことでした。

東京書籍は過去に何度か印刷の受注をしていますから、百歩譲って、口頭で変更点を指示されても分かるとして（それにしても、一般のビジネスでは、書面による資料なしに見積り金額を算出することなどありえませんが)、新規に応札した他の二社はこれまで受注した経験がありませんから、口頭で説明されても見積り金額を算出できるはずがありません。そこで、何か資料があるはずなのでそれを閲覧させて欲しいと私はお願いしたのです。しかし、急にそんなことを言われてもS氏は直ぐには出せないだろうと推察し、それでは後日見せて欲しいと依頼したことに対する回答が、冒頭の十月三十一日の電話です。

つまり、見積り資料となる、改訂版の原稿は入札当時未だ出来ていないのにも拘わらず各社が見積り金額を提示して、東京書籍が落札したということです。

これは、おかしくありませんか。見積り資料となる原稿が未だ出来ていない段階で入札の値段が決まり、東京書籍が落札したのです。しかも、原稿にかなりの改定があるにも拘わらず、金額が前よりも大幅に安いのです。改定部分については版下を作り直さなければなりませんから、東京書籍はその分コストが増えるはずです。しかし、提示してきた金額は下がっているのです。

もう一つ疑問があります。東京書籍はこれまでの実績から版下があるのに比べ、新規参入の二社は元になる版下がありませんから(新規に版下をつくらなければならず)、そのために見積もり金額は東京書籍に比べ大幅に高くなるはずです。しかし、これら二社の見積り金額は東京書籍にくらべ微妙に高いだけでほとんど変わりません。これもおかしくはありませんか。

これらの疑問を晴らすのは、競争見積りの際各社に示した資料以外にありません。もし、入札に際しての資料が無かったのであれば、資料は無かったと書面で回答して欲しいという当方の依頼に対し、書面では回答できないという冒頭の会話に戻ります。

S氏にも話したことですが、公務員の給与は我々の税金で賄われているのです。貴職も含め公務に携わる者は、納税者に対し説明する責任があるのです。

それを無視、または蔑《ないがし》ろにすることは許されません。上述の疑問に対し貴職より、責任のあるご回答を書面にて十一月十八日までにお願い致します。

なお、この質問状は公開質問状といたします。

敬具

写：X市長N

県教育委員会の教科書研究調査報告書の丸写し

この返事を十一月二十一日まで待ったが教育長からは返事がなかったので、指導主事Sに電話した。答えは「書面で回答することはできない。この電話（口頭）で回答したいとのことだった。説明がつかないことに対して証拠を残さないためにこのような非常識なことを平気でする。

そこで、再度教育長に手紙を書いた。ついでに、新たに発覚した教科書採択に関連する手抜きを指摘した。

それは、平成二十三年度の教科書採択のための参考資料として、X市教委は、市独自の「研究調査報告書」(以下「報告書」)なるものを作成したが、実は当該報告書の(歴史的分野)は県教育委員会が作成した「社会科(歴史的分野)調査資料」(以下「調査資料」)の完全なコピー、丸写しだったのである。本来X市独自で作成すべきものを県の調査資料を丸写しすることは許されざる行為である。なぜ、このような手抜きをしたかについての質問を追加した。

【平成23年11月28日:教育長C宛】

参照書簡:平成二十三年十一月三日付小職発信貴職宛公開質問状

拝啓　日増しに秋が深まり今年も残すところあと一ヶ月になりましたが、ご健勝のこととお慶び申し上げます。

さて、今年の中学校教科書採択につきましては、各種資料を閲覧させて頂きありがとうございました。一部はコピーを取らせて頂き、その内容を詳しく検討していますがその過程でいくつかの疑問が生じましたので、まず第一弾として参照書簡の公開質問状をお送りしましたが未だご回答がありません。

この度更に理解し難いことが判明しましたので、追加して質問させて頂きます。貴教育委員会は教科書採択にあたり「X市教科用図書研究専門委員会」なる委員会を立ち上げ、その成果として「研究調査報告書」を作成しました。これには教科書会社毎に、各教科書の学習指導要領の目標との係わり、特色、総括、などが纏められています。

ところがこのX市独自であるはずの（歴史的分野）報告書が、県教育委員会が作成した「社会科（歴史的分野）調査資料」と全く同じです。報告書は打ち直ししたようで文字の大きさ（ポイント）は違いますが、文言は一字一句同じです。これはどういうことなのでしょうか。

貴教育委員会担当者の説明によれば、当該報告書をつくるために各学校から三名の専門教員が集められ、それぞれ教科書を読み、教科書毎に報告書を作成したということでした。それがなぜ県教育委員会の調査資料をそのまま写すに至ったのか、その経緯をご調査のうえ調査結果をお知らせください。

また、県教育委員会委員は当該調査資料を参考にして（勿論県教育委員自身直接教科書をよく読んでいることが教科書採択当日の教育委員会の傍聴から分かりましたが）育鵬社の教科書を選び、同じ資料から貴教育委員会は東京書籍を選ぶに至ったのか、その過程が極めて不透明であることも指摘しておきます。

なお、参照書簡の質問状の回答期限の十一月十八日になってもご回答がないため二十一日に催促したところ担当者より、電話で回答したい、書面では回答できない、と電話がありました。書面で回答できない理由はなんなのか、このことについても改めて質問します。

この質問状は公開質問状とし、十二月九日までにご回答をお願いします。

敬具

写：M埼玉県教育委員会教育長
X市長N

この質問状に対してもやはり回答がなかった。ただ、回答期限の十二月九日に担当の指導主事Sより電話があり、文書では回答できないがこの電話で回答したいとのことだったので、断った。電話で適当なことを言って、後で追求するとそんなことは言っていないと逃げるのは彼らの常套手段だからである。

そこで、書面で回答できないのであれば「文書では回答できない」旨文書を書くよう要求したが、今もってその文書は来ていない。

なお、翌年二月の議会で市議Uが一般質問でこの問題を取り上げてくれた。私はその日所用があって傍聴することはできなかったが、県教育委員会報告書の丸写しを問われて教育部長Mは、資料の丸写しを認めたうえで、しかし、X市の専門委員はそれにアンダーラインを引いたから単なる丸写しではない、と強弁したそうな。盗人猛々しいとはこのことだ。県の調査報告書の丸写しは、試験のカンニングに等しく、それだけで懲罰に値する。その上にこの暴言は、教育部長罷免に値するが、議員Uはそのまま引き下がったとのことだった。

ただ、十二月一日付で、市長より以下の手紙が届いた。

【平成23年12月1日：市長Nからの手紙】

時下ますますご清栄のこととお喜び申し上げます。

さて、小学校社会科副読本『XYZ』の作成につきまして申し上げます。

このことにつきましては、X市教育委員会から、「正当な契約行為によって実施されたものであり、当該発行者より契約にない労務の提供や経済上の利益を一切供与されていないことが明確になっていること。」及び「随意契約について、国・県の調査の結果問題ないとされた。」との報告を受けております。

したがいまして、小学校社会科副読本の作成に問題はないと認識しております。

この手紙によると随意契約で何の問題もないとしているが、教育委員会は随意契約では問題があるとしてこの八月、既に競争入札は実施されていたのだ。市長は今頃になって随意契約で問題ないと述べているが、私の問いの答えにはならない。

年明けの追求

そこで、平成二十四年一月十九日に、教育長C宛に以下のメールを発信し、添付ファイルとして、平成二十三年七月以降の教育委員会とのやり取りを一覧表にまとめて送った。

【平成24年1月19日：教育長C宛督促メール】

教育長C殿、

寒中お見舞い申し上げます。

さて、昨年は中学校教科書採択にあたり貴教育委員会に請願と質問状をお送りしましたが、一切ご回答がありません。

昨年七月からの当方からの要請、及び貴職下担当者とのやり取りをまとめましたので添付してお送りします。

申すまでもなく教育は、将来国を担う健全な後継者を育てる大事な事業であり、子供たちのことを最優先にするものであって、教育委員の地位や身分を守ることを優先してはなりません。

昨年後半の貴職の対応が適切であったのかどうかをよく吟味されたうえで、添付の質問・疑問にお答えください。

お忙しいところ恐縮ですが、ご回答は一月二十七日までにメール、または書簡にてお願い致します。

（添付一覧表）

中学校教科書採択に関連したX市教育委員会との問答一覧

平成23年7月11日　X市教育委員会委員長B宛、自由社の「新しい歴史教科書」「新しい公民教科書」採択の請願書を提出

平成23年7月25日　教科書採択の教育委員会開催。通常は採択審議の冒頭請願者に対し5分間の口頭陳述を議長が許可。今回は、委員会開会前に陳述要求。開会前の陳述は慣例に反するので陳述拒否。慣例を破った理由の問い合せ（↓回答なし）

平成23年8月11日　教育委員長に対し、今回は慣例を無視してなぜ委員会開会前に口頭陳述をさせようとしたのか、その理由を質す公開質問状提出（↓回答なし）

平成23年8月26日　教育委員長に対し、上記公開質問状に対する回答を督促（↓回答なし）

小学校の社会科と中学校の歴史教科書は同じ教科書会社の教科書で教えた方が、一貫性があるというX市教委の従来の主張が破綻（小学校社会科の教科書では遺隋使の解説があるが、中学校歴史教科書には記載なし）したこと、及び、東京書籍とX市教委が副読本製作で長年癒着関係にあったことが事情を知らない市民に公にされるのを恐れ、その隠蔽工作のため口頭陳述させなかったと解釈した（回答がない場合はそのように理解する旨質問状に記述）

平成23年10月26日　副読本「XYZ」の印刷の一般競争入札関連資料閲覧。その際平成二十四年度副読本の改定部分の原稿の閲覧を要請したが、直ぐには応じられないとの説明あり

平成23年10月31日　担当者から電話。改定部分の原稿は現在執筆中で十二月まで掛かるので今は見せられないとの回答あり。それでは何を根拠に入札者に見積り依頼したのか、その資料の開示を求めると沈黙。見積り資料なしに見積り依頼したのであればその旨書面により回答するよう依頼すると(上司と相談するとの回答。一時間後に再度電話があり、書面による回答は出来

ないとの返答

平成23年11月3日　教育長に対し、入札は八月にあったのに肝心の改定原稿がその時点で出来ていない。それなのに（十二月に脱稿）、何を根拠に入札者に見積もりをさせたのかを書面により再質問（↓回答なし）

平成23年11月21日　電話で督促したところ担当者より、書面では回答できない。電話（口頭）で回答したいとのことだったので拒否

平成23年11月28日　教育長に対し、十一月三日の質問状の督促。及び、新たに発覚した手抜き資料作成について追加質問。すなわち、平成二十四年度から使用する教科書採択のための参考資料としてX市教委は市独自の「研究調査報告書」なるものを作成したが実は、当該報告書の（歴史的分野）は県教育委員会が作成した「社会科（歴史的分野）調査資料」の完全なコピーだったことが判明。本来X市独自で作成すべきものを県の調査資料を丸写しすることは許されざる行為である。なぜ、このような手抜きをしたかについての質問（↓回答なし）

平成23年12月9日　担当者から電話。上記十一月二十八日の質問に対し電話で回答するとのこと。当方は口頭による回答は無意味なので聴取を拒否。書面による回

答が出来ないのであれば出来ない旨書面で回答するよう要請（↓回答なし）
（添付一覧表終り）

この督促状にも一切回答はなかった。放っておけばそのうち諦めるだろうといういつもの手だが、それにしても不誠実過ぎる。

手紙では埒《らち》が開かないので、結局教育委員会に出向いて直接調査することにした。

平気で嘘をつく指導主事

二月二十二日朝九時半から十一時まで教育委員会会議室において、「平成二十三年度の入札に関連するX市教委の提供資料及び応札者の提出資料のすべて」開示を求め、閲覧した。そこには指導主事のH氏とS氏が同席した。ここにその時の備忘録があるので、正確を期すためまずそれを開示する。

副読本『XYZ』競争入札に関連する資料閲覧時の備忘録

●日時：平成二十四年二月二十二日 九時半より十一時まで

●場所：市役所三階三〇一会議室
●出席者：指導主事S、同H、篠原
●閲覧資料：副読本『XYZ』の平成二十三年度の入札に関連するX市教委の提供資料及び応札者の提出資料のすべて
●閲覧に至る経緯：
・平成二十三年十月に副読本『XYZ』の入札について資料を閲覧した際、肝心の副読本改定原稿は未完成で、十二月にならないと入札業者に提供できないとのことだった
・入札資料の応札者への貸出期間の九月十二日から九月二十六日には、改定原稿が未完成の中、どうやって応札者は入札見積もりをしたのか疑問を持った
・今回は、（十二月が過ぎて改定原稿はできている筈なので）その改定原稿なるものを閲覧するのが主目的である（十一月下旬に原稿は完成したとのこと。正確な日付を質問し、回答を後日もらうことになった）
・今般改定原稿として見せられたものは印刷の版下とみられるコピーだった（一部写真の入れ替えなどの為空白欄があった）
・H氏の説明によるとこのコピーは出版社の版下ではなく、現場の教師が過去二年の歳月を費やして　パソコンですべて打ったとのことだった

・改定する場合改定部分の原本をコピーし、そこに改定文章を書き込むのは普通。しかし、H氏は改定しない部分も含めてすべて教員が入力し直したという。そんなことをする理由が不明。嘘であれば嘘であると今正直に白状することを薦めたが、嘘ではないと言い張った

・なぜそんなことをしたのか理解できない。これまで教委は東京書籍と随意契約で印刷を委託しており、なぜ二年も掛けてすべて打ち直したのか理解できない！

・競争入札にすることに決めたのは昨年七月の産経新聞の記事以降である筈であり、二年も前から原稿を打ち直していた理由が分からない！

・そもそも、平成二十三年の教科書採択でX市教委が独自に作成したという各教科書会社の比較報告書は、実は、県教育委員会の作成した資料の丸写しであることをX市教委も認めている。なぜそんなことをしたのかという理由を問う議会の一般質問に対し学校教育部長Mは、現場の教師は忙しくて報告書をつくる時間が十分に取れないと答弁した。それ程忙しい現場教師が副読本の打ち直しなど出来る訳がない！

・当該教師がつくったと称する原稿（版下そのものと思われる）は素人離れした技術を持った人でなければつくれないレベルの高いもので、到底教員が作ったものとは思えない

以上のことから当方は、これは教員のつくったものではないと推定し、更に確証を得るた

め日を改めて、現行副読本と当該原稿の比較をすることにして、その時間を取ってもらうことにした。

●関連する質疑応答

（篠原）新規参入印刷会社の見積りが、これまで副読本を継続して制作してきた東京書籍とほぼ同じ金額なのは納得できない。見積り金額の明細はどうなっているのか？

（H氏）明細は貰っていない。金額のみ

（S氏）金額については関心がないのかという質問に頷く

（篠原）見積り根拠なしに金額のみでは、見積りがいい加減ではないか。支払う金は税金から出ていることを認識せよ

（篠原）この度の発注の責任者は誰か。入札依頼書の発信者は教育長Cとなっている。責任者は教育長Cか？

（H氏）頷く

（篠原）入札の立会人はH氏の他誰か？

（H氏）学校教育部長Mともう一人別の課の人間……（入札結果表から「建築指導課Nと思われる」）

（篠原）入札に先立ち教委は「設計書」なるものを作っているが誰が作ったのか

（H氏）自分が中心になって作った

（篠原）設計書にはデータ作成（イラスト・キャラクター作成含む）で十九万円が計上されているが、新規参入印刷会社もこの程度で作れるのか？　東京書籍はすでにイラストやキャラクターを持っているから、その位の金額で出来るかも知れないが、新規参入会社は無理ではないか？

（H氏）……（無言）

（篠原）結局この入札は、東京書籍が落札者になることを前提にしているのではないか？

（H氏）（無言で頷く）

（篠原）今般の改定の分量はどの程度か？

（H氏）五パーセント程度である

（篠原）再度訊くが、五パーセント程度の改定なのに、改定の無い部分も含めて教員が全ページ打ち直すなどということなど有りえないのではないか。嘘なら嘘と今ここで言うことができるが、どうか？

（H氏）嘘ではない。すべて教員が打ち直した

（篠原）その（打ち直し：インプット）担当者は誰か？

（H氏）一人ではない

（篠原）それは誰と誰か
（H氏）後で調べて返答する
（篠原）原稿と旧版を比較したいので、別途見る機会を作って連絡して欲しい
（H氏）了解した
（篠原）前回東京書籍へは印刷代として四百三十万円払っていたが、なぜ今回は二百四万円になったのか
（H氏）後で回答する

（備忘録終り）


通常、前の版を変更するには原版の修正個所のみを書き換えるのが当たり前だが、H氏は、それをせず全ての文章を現場の教師が打ち直したと言い張る。

そのようなことはやれる筈がないのに、子供でも分かる明白な嘘をつき通す。

現場にかえれば、子供達に先生として「嘘をついてはいけません」と教える指導主事がこんなみえすいた嘘を平気でつくのには、呆れる前に恐ろしい気がした。

支離滅裂な言い逃れ

二月二十二日の面談調査は、指導主事の回答が余りに不自然だったので改めて確認するため三月五日に教育委員会を訪ね、再調査した。その時の備忘録を以下に示す。

前回と同じ質問には同じ回答が返ってきたので、あれは嘘だった、とは後になっては言えないのであろう。

副読本『XYZ』競争入札に関連する資料閲覧時の備忘録（2）

●日時：平成二十四年三月五日十三時より十四時五十分まで
●場所：市役所三階三〇七会議室
●出席者：指導主事S、同H、篠原
●閲覧の目的：前回入札した後に完成して落札業者に提示したと称する原稿を閲覧したが、それは初稿の版下そのものだった。しかし、H氏は、これは版下ではなく、現場の教員がすべて打ち直した原稿だと主張。そのような荒唐無稽な話はありえず、なぜ、大した分量でもない改定原稿にも拘わらず、原稿は変更しない部分も含めて全てを現場の教員が打ち直したと（見え透いた嘘を）言い張るのか。その背景を見極めるため。

●推定されること：入札金額は

・TK　204万円（東京書籍）

・A社　226万円

・B社　224万円と極めて近い入札金額であり、東京書籍以外の新規参入二社は版下を新たにつくる必要がある。（東京書籍はすでにこれまでの版下を持っているので）、新規参入二社にそのハンディを負わせないよう見せかけるため、版下はすべて教委が用意したと言い張ったと推定される。

●それを裏付ける教委（S氏、H氏）との応答

（篠原）もう一度確認するがこの原稿と称する版下は現場の教員が打ち直したものか

（H氏）その通り。二年間を掛けて打ち直したものである

（篠原）常識でそんなことは考えられない。ところで版権は出版社と市教委のどちらにあるのか

（S氏）平成二十三年度はX市教委にある

（篠原）平成二十一年度はどうか

（S氏）今は分からない

（篠原）それでは調べてきてくれ
（S氏）今は答えられない
（篠原）それでは明後日（七日）九時に電話で知らせてくれ。その時も分らなければ分らないということを知らせて欲しい。翌日九時には電話はなく、その後篠原は外出。十二時頃に指導主事Sから電話があった。

●電話での会話
（S氏）版権というのは出版権のことか
（篠原）出版権は当然出版社にあるだろう。版権とは版下の権利のことだ
（篠原）平成二十三年度の分も平成二十一年度の分も版権は教委にあるということで良いですね
（S氏）はい

●結論
教委の主張は嘘で塗り固められている。なぜなら――

平成二十三年度の「X市小学校社会科副読本『XYZ』印刷製本業務仕様書」の中に「版下はX市教委が提供する」という文言はない。つまり、版下は東京書籍のものを継続して使うことが暗黙のうちに入っていた、ということになる。

このことから競争入札を装いながら、東京書籍にやらせることが決まっていたのを隠蔽するために競争入札を装った、ということである。

（備忘録終り）

話が非常に細かくなったが、結論を述べれば、平成二十三年度の副読本『XYZ』出版のための競争入札は、競争とは名ばかりで従来通り東京書籍と契約するように仕組んだものといわざるを得ない。X市教委は、東京書籍が落札するように事前に決めていた。教育委員長Bには重大な責任がある。

以下にその理由を述べる。

・三社の入札金額が極めて近い
東京書籍　204万円（消費税を除く。以下同じ）
A社　　　226万円
B社　　　224万円
・見積り金額は総額だけで明細がない（通常有りえない）
・入札仕様書に、版下は発注者が用意することが書かれていない。A、B社は版下を独自につくることになるが、それが二十万円程度で出来るはずがない。しかもA社、B社ともデータ作成費用が二十万円とは似すぎている（ちなみに平成二十一年版で東京書籍は百二十五万円を請求している）

・資料閲覧の際見せられた原稿は、東京書籍の初稿のゲラ刷りである

・初稿のゲラ刷りを閲覧者に見せて、これは現場の教員がつくったと強弁

・誰がつくったかの質問に対して、名前を教えない

・版下原稿はワード、または一太郎でつくったと強弁しているが、複雑な版下は、ワード、一太郎では作れない。（専用ソフトでしか出来ない）

・忙しい現場の教師がワープロを使って版下をつくるのは到底無理（そもそも、平成二十三年の教科書採択でX市教委が独自に作成したという各教科書会社の比較報告書は、実は、県教育委員会の作成した資料の丸写しであることをX市教委が認めたことは前に書いた。なぜそんなことをしたのかという議会の一般質問に対し、学校教育部長Mは、現場の教師は忙しくて報告書をつくる時間が十分に取れないと答弁している。そんな忙しい教師が二年も掛けて『XYZ』の全文を打ち直すはずがない）

・版権のあるX市教委が改めてすべて版下をつくる必要はない

・平成二十三年度版の版権は現場の教員がつくったのだからX市教委にある、と言いながら、

平成二十一年度の版権が東京書籍と教委のどちらにあるかを即答できない
・平成二十一年の印刷費が四百四万円と高いのは改定部分が多かったと強弁しているが改定部分はそれほど多くなかった
・平成二十三年度版が二百四万円と安いのは、図表を大幅に減らしたからと強弁しているが、平成二十一年度版と比較したが平成二十三年度版の図表の分量はほとんど変わっていない（減っていない）
・平成二十一年版のデータ入力作業で東京書籍に百二十五万円支払ったのに、今回は九万円

この一連の顛末を「自由主義史観研究会」のホームページに掲載し、そのことを学校教育部長Mにメールで知らせたところ、市長Nから以下のメールが届いた。

【平成24年4月16日：X市長Nよりメール】

時下ますますご清栄のこととお喜び申し上げます。

この度は「市長への手紙」をお寄せいただきありがとうございました。

自由主義史観研究会のホームページに掲載されました記事につきましては、読ませていただきました。この件につきましては、平成二十三年度三月定例議会等の一般質問の中で答

弁をいたしました。

平成二十三年度の副読本の競争入札につきましては、規定に則って行われており、御指摘いただいたような問題はありません。原稿データに関しましても、本市の副読本の編集員が二年間をかけて研究を重ね原稿を作成し、電子データ化いたしました。その他、作成手続きや入札事務については、応札業者全てに対し公平に対応しています。

教科書採択に関しては、多くの方々の意見を参考にしながら、教育委員会は慎重に事務を進めております。本市といたしましても、今後も公正・公平な採択がされるよう注意深く見守ってまいります。

なお、今後とも市民参加の市政運営に心がけてまいりますので、ご意見がございましたらご遠慮なくお寄せいただき、市政推進のため一層のご協力をお願い申し上げます。

「ご意見がございましたらご遠慮なくお寄せいただき」とのことだったので早速質問状を返信したが無しの礫《つぶて》だった。その質問状を以下に示す。

【平成24年4月17日：X市長N宛】
拝復　ご回答ありがとうございました。

貴職は、「御指摘いただいたような問題はありません」とのことですが、一体何を根拠にしているのですか。それについては明確に根拠をあげて回答してください。

そのために、以下の質問にお答えください。

1. 副読本『XYZ』の版権は平成二十一年度版もX市にありながら、なぜ二十三年度版をつくる際平成二十一年度版と重複する部分まで打ち直す必要があったのか

2. その入力（この度のメールでは電子化などと巧妙に表現を変えているが、指導主事S及びHは当時、担当教員達は手作業で入力《タイプイン》したと明言）の為に、教員達は合計何時間を要したのか。

3. 入札の段階では未だ「原稿」ができていないのに、業者には、何をベースにして金額の見積りをさせたのか

4. 印刷業者に示した仕様書に、電子データは市教育委員会から提供すると書かなかった理由は何か

5. 見積りの際、金額明細を提出させなかった理由は何か

6. 版下の制作にかかわった教員は誰と誰か

7. （名前を出すと）版下の制作にかかわった教員にはどのような迷惑がかかるのか

8．版下の制作に使った、ワードや一太郎の図表処理にはどのような機能を使ったのか、具体的に示してほしい

9．平成二十三年度版は平成二十一年度版に比べ図表は何枚削除したか。または、何枚の図表を増やしたたか

10．副読本の文字数は平成二十一年度版、平成二十三年度版、それぞれ何文字か

ご回答はすべて四月二十日までにお願いします。

ご回答が無い場合、または、明確なご回答が無い場合は、貴職のご回答を公表し、世間の判断を仰ぐ所存です。

敬具

競争入札とはいうものの、これまで見てきたように、説明は支離滅裂で口から出まかせという他はない。

簡単に言えば入札段階で未だ入札者に示す見積り資料が出来ていず、しかも二年も前から現場の教師が改定部分だけでなくすべての原稿を一から打ち直す（タイプし直す）など無意味で非現実的である。

しかも、不当な随意契約が発覚する二年も前からそれをしていた、などあり得ない。この明々白々の虚偽の言い逃れは、市長と教育委員会の組織ぐるみの犯罪行為と隠蔽工作といって良い。いずれ現場に戻る指導主事がこのような嘘をついて良いのか。

それにしても、このような稚拙な嘘を押し通そうとする教育委員会はこれでよいのか。いずれこの罪は、償ってもらわなければならない。

第五章
全国一斉学力テストの成績開示の拒否
（競争原理の排除）

全国一斉学力テストの復活

全国一斉学力テストは私も学生時代に受けた記憶があるが、昭和四十年に教職員らの反対闘争によって抽出調査に変更され、昭和四十一年に旭川地方裁判所が国による学力調査は法律に違反すると認定すると、テストそのものがこの年を最後に中止になった。その判決が最高裁によって覆されるまでには十年余の歳月を要した。

その後紆余曲折を経て平成十六年、小泉内閣の時に中山文科大臣の提案により復活が検討され、平成十九年安倍内閣の時に実現した。実に四十一年ぶりの復活である。教師や教育委員の中には相変わらず、教育に競争を持ち込むのは良くないという考えが強くあって、一般社会の常識とはかけ離れている。

一斉テストが特に問題もなく実施され、都道府県別に平均点が公表されるのを見ながら私は、地元中学校の学力はどのくらいなのかが気になった。というのは、平成十九年に自治会長に推され、地元の小学校・中学校の入学式や卒業式に招待されるようになるとともに、先生や生徒と接する機会が増え、それぞれの学校の学力にも関心が高まったためである。

そこで、一斉学力テスト実施三年目の平成二十一年三月二十六日に教育委員会に対し、市の情報公開条例に基づき市内全中学校について学校別に、科目ごとの平均点の開示を申請した。

開示を申請した理由は他にもあった。単に個人的な興味からだけではなく、各学校の平均点を開示することによって各学校が他校を意識し、学校間が切磋琢磨して授業の充実に務め、競い合うことの効果もあると思ったからである。

十日後に教育委員会より「X市公文書開示決定期間延長通知書」なる文書が届いた。開示するか否かの決定を延長するというのである。延長の理由としては次のように書かれていた。

本件は地方教育行政法第二十六条第二項第一号の規定により、教育委員会が決定をします。また、教育委員会にとって極めて重要な内容でありますので、四月、五月、六月の三回の定例教育委員会にて協議等をし、議を尽くした適切な結論を導くものです。協議等に三回の教育委員会を要する事由は、調査結果を公開することが有益であるという考えがある一方で、X市情報公開条例第七条第四号、第五号等に規定するおそれもあることから、教育委員会委員が時間をかけた慎重な協議等を意向していることです。

X市情報公開条例第七条は以下のように規定されている。

第7条（公文書の開示義務）実施機関は、開示請求があったときは、開示請求に係る公文書に次の各号に掲げる情報（以下「不開示情報」）のいずれかが記録されている場合を除き、開示請求者に対し、当該公文書を開示しなければならない。

（1）個人に関する情報（事業を営む個人の当該事業に関する情報を除く。）であって、当該情報に含まれる氏名、生年月日その他の記述等により特定の個人を識別することができるもの（他の情報と照合することにより、特定の個人を識別することができることとなるものを含む。）又は特定の個人を識別することはできないが、公にすることにより、なお個人の権利利益を害するおそれがあるもの。ただし、次に掲げる情報を除く。

ア　法令若しくは他の条例により又は慣行として公にされ、又は公にすることが予定されている情報

イ　人の生命、健康、生活又は財産を保護するため、公にすることが必要であると認められる情報

ウ　当該個人が公務員（国家公務員法（昭和二十二年法律第一二〇号）第二条第一項に規定する国家公務員及び地方公務員法（昭和二十五年法律第二六一号）第二条に規定する地方公務員をいう。）である場合において、当該情報がその職務の遂行に係る情報であるときは、当該情報のうち、当該公務員の職及び当該職務遂行の内容に係る部分

（2）法人その他の団体（国及び地方公共団体を除く。以下「法人等」）に関する情報又は事業を営む個人の当該事業に関する情報であって、次に掲げるもの。ただし、人の生命、健康、生活又は財産を保護するため、公にすることが必要であると認められる情報を除く。

ア　公にすることにより、当該法人等又は当該個人の権利、競争上の地位その他正当な利益を害するおそれがあるもの

イ　実施機関の要請を受けて、公にしないとの条件で任意に提供されたものであって、法人等又は個人における通例として公にしないこととされているものその他の当該条件を付することが当該情報の性質、当時の状況等に照らして合理的であると認められるもの

（3）公にすることにより、人の生命、健康、生活又は財産の保護その他の公共の安全及び秩序の維持に支障を及ぼすおそれがある情報

（4）市及び国等（国又は他の地方公共団体をいう。以下同じ。）の内部又は相互間における審議、検討又は協議に関する情報であって、公にすることにより、率直な意見の交換若しくは意思決定の中立性が不当に損なわれるおそれ、不当に市民の間に混乱を生じさせるおそれ又は特定の者に不当に利益を与え、若しくは不利益を及ぼすおそれが

あるもの

(5) 市又は国等が行う事務又は事業に関する情報であって、公にすることにより、次に掲げるおそれその他当該事務又は事業の性質上、当該事務又は事業の適正な遂行に支障を及ぼすおそれがあるもの

ア 監査、検査、取締り又は試験に係る事務に関し、正確な事実の把握を困難にするおそれ又は違法若しくは不当な行為を容易にし、若しくはその発見を困難にするおそれ

イ 契約、交渉又は争訟に係る事務に関し、市又は国等の財産上の利益又は当事者としての地位を不当に害するおそれ

ウ 調査研究に係る事務に関し、その公正かつ能率的な遂行を不当に阻害するおそれ

エ 人事管理に係る事務に関し、公正かつ円滑な人事の確保に支障を及ぼすおそれ

オ 市又は国等が経営する企業に係る事業に関し、その企業経営上の正当な利益を害するおそれ

(6) 市及び国等の間における協議、依頼等に基づいて作成し、又は取得した情報であって、公にすることにより、市及び国等の協力関係又は信頼関係を不当に損なうおそれがあるもの

(7) 法令又は他の条例の規定により、公にすることができないとされている情報

見識よりも周囲の目

この件は四月二十二日と五月二十七日の教育委員会の議題として取り上げられた。そのやり取りを議事録から紹介する。

委員長Bは常々、教育委員会は教育問題を大局的見地からアドバイスするためにあると豪語しながら、いざ問題に直面すると見識を示すどころか周囲を気にし、出回っている言説を引用するばかりで、教育委員としての見識らしい見識を披瀝することはなかった。

また、成績は学校長にさえ自校の成績しか伝えず、したがって校長は他校との比較さえできない状況にある。教育委員会の隠蔽体質、独善性ばかりが浮き彫りになった。

【平成21年4月22日議事録より】

（はじめに）教育長Cから、別紙資料によりX市教育委員会への全国学力・学習状況調査結果の情報開示請求に係る経緯及び県教育委員会の部分開示に至る経緯について説明がなされた。

委員長B　教育長Cの説明について、ご質疑はありますか。

委員D　二月議会の一般質問で、教育長がX市の正答率は埼玉県の平均を上回っていると答弁したとのことで、ある意味ですでに部分開示をしていると考えられますが、請求者は全部開示を請求していると考えて良いのですか。

教育長C　調査結果は、膨大な資料になっています。請求内容は、X市内全体の科目別平均点及び市内小・中学校の科目別平均点ということですので、部分開示の請求と考えられます。

委員F　各学校は、自校の調査結果だけを知らされているのか、他校の結果も知らされているのですか。

教育長C　自校の調査結果だけを知らされています。

委員F　学校では、分析結果資料を参考に対策を講じているのですか。

教育長C　はい。結果資料を活用して対策を講じています。また、県でもいろいろな角度から分析し、様々な対策を講じています。

委員長B　ほとんどの開示請求は、県に対しては各市町村別の平均正答率、市町村に対しては、各学校別の平均正答率の開示請求のようです。四月五日の新聞報道によると、平成十九年度と二十年度の結果について情報公開請求を受けた教育委員会は二十九あり、その内、二十五の教育委員会は非開示としました。鳥取県、秋田県、大阪府、埼玉県の四つの教育委員会が部分開示をしたとのことです。文部科学省の調査によると約四割の教育委員会が部分開示の方向にあるとのことです。今のところ全部開示の方針の教育委員会は無いようです。また、東京都墨田区、広島県福山市、宇都宮市では、全小中学校のほぼ全校のホームページに正答率や改善策を公開させているとのことです。埼玉県内では、さいたま市と鶴ヶ島市が市の平均正答率を公表しています。美里町では、平成十九年度の結果を部分開示したところ、教員等への批判が強いため、平成二十年度の結果は非開示にしたそうです。大利根町では、平成二十一年度の結果から開示する方向で町長が教育委員会と協議するようです。私が調べた限りでは、以上のような状況ですが、事務局で把握している県内の状況はいかがですか。

学校教育課長H　まず、用語として公開と開示は別ですので整理してご説明します。公開は、教育委員会や学校がホームページや学校だより等で自主的に結果を公表することです。開示は、請求を受け、それに対して結果を請求者に全部開示、部分開示等、文書で知らせることです。公開については、さいたま市と鶴ヶ島市が市の平均正答率を公表しています。本庄市では、知事の要請を受けた市長から教育委員会に今後の対応について話があったとのことです。八潮市教育委員会では昨年度開示請求があり、非開示の決定通知を行ったところ、請求者から不服申し立てがありました。市の情報公開審査会に諮ったところ、審査会でも非開示が適当との答申が出されたとのことです。現在、東部教育事務所管内で開示請求があり、対応を協議しているのは、X市教育委員会のみという状況です。

委員G　保護者やマスコミなど様々な視点から開示請求がされると想定されます。慎重に対応しないと様々な問題が生じてくると思います。開示のメリットとデメリットについて、想定されることを挙げていただけますか。

教育部長M　開示のメリットとデメリットについて、考えられる点を申し上げます。まず、全部開示した場合のメリット、期待できる効果として、結果の良好な学校では、児童生徒や保護者の自信や誇りにつながる。競争が発生しますので、児童生徒の潜在的な資質が高い学校においては、より国語、算数や数学の素点平均が上がる。結果について、地域の保護者等の幅広い方々の意見や考え方を聴くことができる。生活習慣の調査もありますので、学校間比較による傾向を見ることができる。以上の四点が期待できる効果として考えられます。次に、学校名を伏せて教科別の正答率を部分開示した場合の効果として、自校の位置付けが分かることで、上位の学校においては、地域の保護者の学校への信頼形成につながる。生活習慣において、自校が他校より劣っている点について重点的に指導が行われる。各校で自校の順位を上げるため、積極的な取り組みがおこなわれるであろうと考えられます。逆に、デメリット、好ましくない影響として、全部開示の場合は、学校の序列化が発生する。学校間の不適切な競争が起こる。平常の学校教育全体に好ましくない影響、すなわち、素点を上げることのみに捉われた教育活動に足場が移っていくおそれがある。そのようにならないために配慮するのが教育委員会事務局の責務と考えていますが、教育は無意識のうちに行われる面がありますので、そのような指導になっていくおそれがあります。現在の教育活動には、かつての詰め込み型教育から、探求型の教育が求められていますが、探求型の授業が少なくなっていくおそれがあります。序列化により、低位の学校の児童生徒の学習意欲が低下する。以上の三点が好ましくない影響として考えられます。部分開示の場合は、保護者の方が一部の科目の素点のみを重要視するようになり、子供を評価するようになるおそれがあります。評価は、本来は過程を評価するべきものですが、従来から指摘されている相対的な評価でやってきた過ち、かつての偏差値教育と同じ結果になるおそれがあります。評価の尺度は平均点で測るものではなく、目指すべき目標を文言等で規準として設けるべきものと考えています。学習尺度を測るうえで、平均点で考えるのは正しい方向ではないのではないかと考えます。

最後に、テストの実施に当たり、各校で結果の原則非公開ということを保護者に事前通知していると思います。そして、それを是としている保護者が多数いると思います。非公開という前提で実施したテストですので、示した場合、保護者や地域の信頼を失うおそれがあります。

委員長B　教育問題は児童生徒のその後の人生にかかわることですので、慎重に対応しなければいけないと強く考えています。部長の説明のとおり各自の立場や考え方により開示の是非は微妙な問題だと思います。高校は、はっきりと序列化されていますが、開示により義務教育の小・中学校が序列化されて良いのか疑問に思います。

委員G　義務教育の小・中学校段階では、あまり学力格差が出ないよう国が教育環境の整備に予算を振り向けてほしいと思いますが、現実は、各自治体の財政状況などにより教育格差が広がっているという実感があります。

委員D　学校の教職員、PTAの方々など現場の人の意見を事務局で把握していますか。

学校教育課長H　昨日、各学校の意向をまとめました。十三校中九校が「全面的に開示をしない」、四校が「傾向を文章表現で」部開示をするとの意向です。PTAの意向については現在調査中ですので、来月の定例会までに報告させていただきます。

委員長B　序列化と過度の競争は好ましくないと言われますが、過度の競争と適度な競争の判別は難しいと思います。最終的には我々教育委員が判断する訳ですが、正しい判断をくだせるような資料の収集をよろしくお願いします。保護者の意見については、少数意見も報告してください。他に判断材料として、事務局に聴いておきたいことはありますか。

委員G　保護者から学力テストへの参加に反対とか受けさせないとかの事例はあったのでしょうか。

学校教育課長H　過去三年間に一件もありません。

教育長C　そのような事例が無いのは、結果は原則非公開という前提があるためと思われます。

委員長B　各委員においては、次回までに熟慮いただき再度慎重に協議していきたいと思いますのでよろしくお願いします。

子供の育成よりも事なかれ主義

【平成21年5月27日の議事録より】

委員長B　前回の会議に引き続いて協議をお願いします。

教育長C　本調査については実施要領に基づき行っておりますが、学力ということについて認識をしておきたいと思いますので、部長より申し上げます。

教育部長M　戦後の学力観の変遷について説明がなされた。

委員長B　学力テストの結果だけで学校を判断されてしまう恐れがあると思います。本来の教育活動にとってプラスなのかマイナスなのか考えていく必要があると思います。

委員G　保護者・親の立場を考えたとき、一人ひとりすべての子供たちが健やかに成長してほしいと願い、さらに地域の方々などが見守ってくださるということが学校教育のあり方だと思います。苦難に立ち向かい乗り越えた中に喜びがあり、それが社会に出たときの力になります。学力調査は有意義な学校生活を送っていくひとつの判断材料として活用していくものと考えます。

学校教育課長H　PTAにお尋ねしましたところ、市内十三校のうち、全面的に開示しないが六、傾向を文章表現でというところが三、市の平均点のみ開示が二、市の平均点と学校別の平均点ただし学校名無しが一、何ともいえないが一でございました。また、別に聴取した少数意見ですが、十二校からはありませんでした。一校からありまして、一つが学校名を明らかにしないで平均点を教えてほしい。二つ目が学校名を伏せて市内各学校の平均点を公開してほしいというものでした。また、同じ学校の教員から学力学習状況調査の目的を考えると結果を公開する必要はない、結果をもとに今後の指導に役立ててほしいという少数意見がありました。また、前回ご指示のありました各委員の正しい判断のできる情報ということで、八潮市ですが平成二十一年四月の定例教育委員会で不開示の再確認をし、五月八日に不開示の通知を送付したという情報がありました。草加市は東部地区ではありませんが不開示の決定がなされております。

委員F　これまでのゆとりある教育について、新たな見直しが図られているが、ゆとりある教育の成果がどのように評価されていますか。

教育部長M　国のスタンスとしては、ゆとりと充実を掲げたことは間違っていなかったが、国民、各学校、教育委員会に対するアナウンスメントを間違えたと言っています。子供たちの心にゆとりを生むようにというもので、教育課程にゆとりを生むようにというものではないと言っています。教育学者の中では国を引っ張るリーダーを養成することは必要、そして残りの子供たちは日本を支える子供たちだから正しい教育をしていくという両面作戦で行くことが大事と言っています。今回の調査を見ますとドリル学習に光があたっており、多くの学校やいくつかの教育委員会ではドリル学習へスタンスを移しつつあると聞いています。日本の将来を支える子供たちを育てるという視点は教師に持っていてほしいと思います。

委員長B　高校の場合は序列化されていますが、必修をやらず他の教科をやるといったような多くの弊害が出ています。学力テストの結果だけで学校を評価されてしまう恐れがあると思います。

委員D　保護者の方は結果を知っているのですか。

学校教育課長H　点数を公表している学校はありませんが、自校の実態や課題を口頭や学校だよりなどでお伝えしております。

委員D　数字を出してほしいという少数意見がありますが、自分たちがどこに位置しているかを確認したいということですか。

学校教育課長H　この少数意見は上位校の保護者からで、成果を子供たちの意欲につなげたいというものですが、先ほど委員Gからご意見がありましたように、すべての子供たちに健やかに育ってもらいたいという願いがあることから、公開してほしくないというところが事実上十二校とも考えられます。何ともいえないが一校ありますので、市内学校の半分にあたる六校のPTAが明確に不開示という状況でした。

委員D　子供たち一人ひとりにどういう影響を及ぼすか心配です。数字が一人歩きしていったとき見ず知らずの人から「だめね」と言われることは、頑張ろうと思うことより反発のほうが大きいと思います。適度な競争は必要ですが、子供たち一人ひとりの点数ではなく、全体の平均点ですので、これはあいまいな数字です。その数字が一人歩きしたとき、その学校全体を評価されてしまう危険があると思います。

委員G　たとえ結果がよくなくとも努力をしている子供の評価・判断は、テストの結果だけではできないと思います。得意な社会や理科、体育が何で入っていないのと思う子供もいると思います。学力学習状況調査の結果だけでは子供の判断はできません。子供の総体的な判断をするとなると偏ったものになると思います。

委員F　X高校を見ると十年前と今とでは大きく違っています。茶髪の子などは見なくなっていますが、学校が変わるというのは、どうしたらこのように変わることができるのですか。

委員長B　X高校は長い歴史があります。苦しいときを乗り越え長い間の教員の努力の積み重ねが実を結んできていると思います。先生が一生懸命努力されているというような数字で表れないさまざまなものがあり、数値だけで判断され、それが一人歩きするのが一番怖いことです。

教育長C　実施にあたっては実施要領があります。これによりますと、学校が公開することは可能ではありますが、市教育委員会が各学校の状況について個々の学校名を明らかにした公表はできないとなっております。学校にはこの旨を伝え実施してもらっております。各学校の状況を公開するということについては、教育委員会で決定することはふさわしくないと考えております。また、市の平均点を公開することは弊害が大きいものと考えております。X市情報公開条例第七条第四号には、公にすることにより、率直な意見の交換若しくは意思決定の中立性が不当に損なわれるおそれ、不当に市民の間に混乱を生じさせるおそれがあるものを不開示とすることを定めています。また、第六号では市及び国等の間における協議、依頼等に基づいて作成し、または取得した情報であって、公にすることにより、市及び国等の協力関係又は、信頼関係を不当に損なうおそれがあるものについても不開示とすることを定めています。本調査は学校名を明らかにした公表、開示をしないことを前提に実施されているもので、これに反する行為は、教育委員会と学校の信頼関係を著しく損ねるものと考えます。公開することによって子供たちの意欲をそぐ自信をなくす、地域の信頼関係をなくすといったマイナス面もあると思います。実施要領にありますように、結果を踏まえ改善策を考えていくことが必要と考えます。

委員長B　鳥取県では情報公開条例を改正し、全国学力調査情報の開示決定を受けた者は、成長段階にある児童等の心情に配慮し、特定の学校又は学級が識別されることにより学校の序列化、過度の競争等が生じることのないように当該全国学力調査情報を使用しなければならないとし、情報の開示決定を受けた者に使用制限義務を負うことになるとしている。開示決定を受けた者に制限を加えるものでこれであればむしろ不開示としたほうがいいという印象を持ちました。また、東大の苅谷教授は学力テストで浮かんだ課題をよく吟味し、教員研修の機会をどう設けるかなど行財政的な政策を考える責務がある。全員参加のテストにも地域ごとのきめ細かい対策を立てる利点はあるが、結果は有効活用されていない。学力の低い子や地域を引き上げる努力をしないと義務教育の平等は確保できない。そういう方面に使われていない。そういうまま開示されてしまうと、地域差、学校差が残り、何のためにやっているのかと批判しています。さらに、大阪大学の志水教授は二つの方向性を示しています。第一の方向性はテストの結果を広く公表することで競争状態を作り出し学校の自助、経営努力のもとで子供たちの学力を高めていくもの、第二の方向性は現場の力を信頼しテストの結果は学校の取り組みの成果を検討する内部的資料として使い、子供たちの学力の底上げを図っていこうとするものの二つがある。英国での経験から第二の道の方がより良い選択肢と思える。学力テストの結果は必ず独り歩きを始める。結果の公表は点数による地域や学校の序列化を招き、できない子の排除、テスト準備教育の蔓延などの望ましくない状態をもたらす。さまざまな条件の違いを考慮に入れないテスト測定の単純な比較は、メリットよりも弊害のほうが圧倒的に大きい。誰もが思うように、順番をつけるためだけにテストを行うことは愚の骨頂である。今回のような学力テストは教師や地域住民、保護者らが自分の地域や学校の具体的課題を把握し、それを自らの力で解決していこうとする動きを生じさせることこそ用いられるべきであるといっています。安易な点数の開示はむしろ一人歩きし、マイナス面を生み出すのではないかと思います。公関請求者の知る権利はきわめて重要ですが、学校の序列化など、義務教育の分野では十分考えていかなければならないと思います。知る権利もありますが、教育界においてはためらいの方が強いと感じています。

委員D　この結果を踏まえてできることは何ですか。

教育長C　埼玉県の平均に対してX市の平均は上回っているという傾向について議会でお答えしておりますので、ホームページでも公開してまいりたいと思っております。

教育部長M　対応策として、一つ目は従来もやっておりますがさらにやるという意味合いで、校長先生、教頭先生の授業観察をしっかりやっていただき、その後個別指導をしていただき、教師一人ひとりの授業力を上げること。二つ目は小中学校の連携が大事と考えます。課題の共通化と共有化を小中学校の先生方に持っていただき、小学校段階から系統的に授業改善を進めていく必要があると考えております。三つ目は市内にも力量の高い先生がおりますので、公開して見ていただく機会、学ぶ機会を作ることによって授業改善ができていくものと考えております。四つ目は県内、県外ですばらしい実践をされている学校がありますので、教科ごとに教員を派遣し、勉強してきてもらい広げていくことが大事と考えております。五つ目はいろいろな市内の方に学習指導でもご支援をいただいておりますので、さらにもう一歩学習支援でお力をお貸しいただければ成果が出てくるものと思っております。これらを踏まえながら基礎・基本を大事にして進めてまいりたいと考えております。

委員長B　ただ今説明のありましたことを、一層拡充してもらうことが大事と思います。国語、算数、数学だけではその学校をはかりえない面が多くあります。点数だけが一人歩きしてしまうという弊害があります。方向性としては非開示という方向でよろしいですか。詳しくは事務局で作成をしてもらいたいと思います。

学校教育課長H　情報開示請求者に対して、不開示の決定通知書を出すことになります。その中にはX市情報公開条例の第七条に基づいて、それぞれの各号にどのようにあたるかということで事務局に一任していただきました。教育長から第七条第四号と第六号に該当するという説明がありましたが、委員長Bから先ほど学力テストが近づくと他の教育課程を差し置いてドリル学習をするというお話がありました。これは第五号の調査研究に係る事務に関し、その公正かつ能率的な遂行を不当に阻害するおそれに該当しますので、情報公開条例第七条第四号、第五号、第六号に該当しますので、不開示の通知書を作成して参りますがよろしいでしょうか。

委員長B　結構です。

学校教育課長H　承りました。

委員長B　確認しますが皆さんよろしいでしょうか。

全委員承認

私は、本来このような議論は情報開示請求が出る前から教育委員会が自発的に議論すべきことであり、また、この一斉テストを如何に活用して子供達の健全な育成に役立てるかを議論するのがその役割であって、泥縄式にこの程度の議論しかできないことについて、教育委員会の存在意義に疑問を持つのである。

不開示の決定通知と異議申立て

五月二七日の決定を受けて、五月二十八日付で「X市公文書不開示決定通知書」が送られてきた。不開示の理由として

X市情報公開条例第七条第四号号、第五号及び第六号に該当

（理由）

第四号関係　学力の定義が一般化されていない現状で開示がされたとき、国語及び算数・数学の素点が学力として、市民にとらえられ、混乱を生じさせ学校の正常な教育活動が理解されないおそれ

第五号関係　開示をした場合、学校の序列化や過度の競争が起こり、全国学力・学習状況調査のために他の教育課程をさしおいて、ドリル学習等を学校が行うようになり、本調査の本来的な遂行を阻害するおそれ

第六号関係　文部科学省が定める全国学力・学習状況調査に関する実施要領に、教育委員会は学校名を明らかにした公表をできない規定がある中で、開示請求のある公文書を開示した

場合、非公表、不開示を前提として本調査を実施していることから、国等との信頼関係を損なうおそれ

と書かれている。要するに事なかれ主義の最たるもので、到底受け入れられるものではない。
そこで直ちに異議申立書を書いて、異議申し立てをした。

異　議　申　立　書

次のとおり、異議申立てをします。
1．異議申立てに係る処分
X市教育委員会が平成二十一年五月二十八日付で異議申立人に対してした公文書不開示決定処分
2．異議申立てに係る処分があったことを知った年月日
平成二十一年五月三十日
3．異議申立ての趣旨及び理由
（1）異議申立ての趣旨

異議申立てに係わる処分を取り消す、との決定を求める。

（2）異議申立ての理由

平成十九年度及び二十年度に実施された全国学力・学習状況調査（以下「全国学力テスト」）のうち、X市内全体の科目別平均点、及び市内全小・中学校の科目別平均点を学校名とともに開示することを請求したことに対し、X市教育委員会（以下「市教委」）は、X市情報公開条例（以下「条例」）第七条第四号、第五号及び第六号に該当するとの理由で開示を拒否した。この処分は不当である。理由は以下の通りである。

①条例第七条第四号について

全国学力テストの結果は『市および国等の内部又は相互間における審議、検討又は協議に関する情報』（条例より）ではない。単なるテストの結果であって、審議、討議や意志決定に資する情報、などにはまったく該当しない。

なお、学力の定義が一般化されていない現状で開示すると、国語及び算数・数学の素点が学力と市民に誤解されると市教委は心配しているが、全国学力・学習状況調査に関する実施要領（以下「実施要領」）には『ア　教科に関する調査』という項目を設け、『小学校調査は国語・算数とし、中学校調査は、国語・数学とすること。』と明記している。開示に際しては当該文言を明記すれば、何ら誤解される心配はない。

②条例第七条第五号について

全国学力テスト結果は既に結果が出ているものであり、『ア　監査、検査、取締り又は試験に係る事務に関し、正確な事実の把握を困難にするおそれ』など、将来に向けて予想される困難とは性質を異にするものである。イ乃至オ項については該当しない。

なお、当該号とは直接関係がないが市教委は、開示した場合、学校の序列化や過度の競争が起こり、……、ドリル学習等を学校が行うようになり、本調査の本来的な遂行を阻害するおそれがある、としている。

なぜこのような飛躍した心配をするのか。市教委の見識を疑う。当該全国テストは基礎学力を調査することが目的であり、通常の学習をしていればそれで十分な得点の得られるテストである。一般市民が当該テストの対策ドリルなどを求めたときはその必要がないことを指摘し、また、学校が、学校間の序列化や過度な競争にはしるようなことがあれば、競争が目的ではないことをよく説明し、各学校の課題が何であるかを適切に指導することこそが市教委に求められる役割である。そのことは実施要領に明記されている。何のために市教委があるのか、市教委の役割をしっかり自覚して欲しい。

③条例第七条第六号について

全国学力テスト結果は市教委が自ら作成した情報ではなく、また、国が独自に作成した情報を取得したものでもない。テスト結果という情報はX市立小中学校の生徒が独自に出した成果物であるから、市、国、いずれかが生成した情報ではない。したがって、第六号の情報には該当しない。

ただし、『公にすることにより、市及び国等との協力関係又は信頼関係を不当に損なうおそれがある』かどうかについては検討する必要性を認める。

確かに、実施要領には『域内の学校の状況について個々の学校名を明らかにした公表は行わないこと』とある。しかし、情報「開示」については何ら事前に合意しておらず、テスト結果、更には教育に関心のある者の情報開示請求に対して限定的に開示することは、市及び国等との協力関係又は信頼関係を不当に損なうものではない。むしろ教育界という独特な閉鎖社会に一般市民の常識を持ち込むことによって、教育の成果と課題の検証、及び改善にはプラスの面の方が大きい。

④その他

これまで市教委の会議において、全国学力テストの結果に基づくX市内学校の教育及び教育施設の成果と課題の検証や改善計画について議論されることはなかった。市教委の無関心、無頓着、怠慢を如実にあらわしている。今般当方の情報開示請求によって初めて当該テストが議題になった。

しかし、四月、五月の市教委の会議を傍聴する限り、委員の関心は専ら一般市民や父兄が情報公開をした場合どのように反応するかという点であり、子供達への配慮が欠落していた。

すなわち、子供達は自分の所属する学校の相対的位置、レベルに強い関心をもっており、この関心は競争云々を言う以前の正常な感覚である。このような正常な感覚に応えず、学校への評価、教師への評価、校長への評価、市教委への評価などに結び付けられることを大人の（保身）感覚でおそれ、「競争原理を教育の場に持ち込むべきではない」という従来の主張を優先したということである。

しかも、市内小中学校を比較して大局的な観点から教育の成果や課題、改善計画など児童・生徒の質の向上に当該テストをどう活用するか、どう役立てるかという主体的議論はほとんど無かった。まるで外野席から部外者のように当該テストを論じ、当たり障りのない意見交換をしたに過ぎない。

「教育に競争原理を持ち込んではならない」「学校間の序列化につながる」などの俗論を述べる前に、個々の学校の児童・生徒が何を望んでいるか、各学校の実態の把握、他校の参考に供すことのできる点、他校を見習うべき改善点、などの特徴と計画を広く市民に知らせ、情報を共有し、一緒に学校を良くしてゆく意欲や姿勢を示すことこそが市教委に求められる。公教育はプライバシーを除き公開が大原則なのである。

以上のように、全国学力テストの情報「開示」は情報「公開」と異なり、条例には何ら抵触しないので、速やかな開示を求める。

4．処分庁の教示の有無及びその内容

「この処分に不服があるときは、この処分があったことを知った日の翌日から起算して60日以内に、X市教育委員会に対して異議申立てをすることができる。」との教示があった。

5．添付書類

（1）処分通知書の写し

異議申し立て人への教育委員会の反論と再反論意見書の提出

しばらくすると「X市情報公開・個人情報保護審査会」（以下「情報公開審査会」）の会長Kより私の異議申し立てに対する教育委員会の「不開示理由説明書」が送られてきた。私の異議申立書に対する反論である。同時に、それに対する異議申立人の「意見書」の提出を求められたので、以下のような意見書を郵送した。

不開示理由説明書に対する意見書

1．総論

全国一斉学力テストは一九六〇年代から行われていたが日教組を中心とした反対勢力の強い抵抗と一九六六年の地裁による、一斉テストは違法との判決により中断に追い込まれた経緯がある。その拠り所は、旧教育基本法第一〇条、「教育は不当な支配に服することなく、国民全体に対し直接責任を負って行われるべきものである」を基に文部省の指示を不当な支配と認定したところにある。しかし、この判断は最高裁において否定され、全国一斉テストの違法性の主張は間違いであることが法的に確定した。しかし、この判決に至る一〇数年の間一斉テストは中断され、それが最近まで続いたのである。

このようにして競争原理を排除した教育環境と、当時文部省が打ち出したいわゆるゆとり教育が相まって日本の子供達の学力は大幅に低下し、日本の将来が危ぶまれるに立ち至ったのが今日の状況である。この間学校関係者は競争することは悪いことのように考えるようになり、また、日教組の主張である人間は皆平等、教師と児童生徒でさえも同じ人間という意味では平等であるという意識が蔓延し、教師が子供達を見下ろすのはよくないとの理由から教室の教壇は撤去され、また、校内学力テストの成績順の張り出しは子供達の差別につながるなどの理由で影を潜める状況になってしまった。一般社会は競争原理そのもので営まれているにも拘わらず、である。

このため子供達は自分の真の実力（学力）が分からず、そのまま社会に送り出される結果、七・五・三などといわれる社会不適合若者が大量に発生している。七・五・三とは、中学卒業後就職した者の七割、高校を卒業した者の五割、大学を卒業した者の三割が三年以内に最初の勤務先を辞めてしまうという現象である。これは、若者が学校の環境と社会の環境の余りの隔たりに愕然とし、こんなはずではなかったといって職場を去ってゆくからである。

このことについて多くの教育関係者は思いが至らず、学校の忙しさにかまけて子供達の学校卒業後の実態を知らず、相変わらず教育現場に競争原理を持ち込んではならないと空念仏を唱えているのである。X市教育委員会の委員達もこの例に漏れず、「学校の序列化や過度の競争が起こる」などと、世間の常識から掛け離れた理由でこの度の学力テストの学校別平均点の開示を拒んでいる。

そもそも当該全国一斉学力テストは一昨年からはじまったにも拘わらずその成果についての評価、課題の検討などについては過去二年間一度も教育委員会の議題に登場せず、教育委員からの問合せもまったくなかった。私は当X市教育委員会の傍聴をほぼ毎回欠かさず続けて九年目になるが、子供達の学力をどう伸ばすか、子供達の躾をどうするか、道徳観をどう育成するか、などの議題はない。問題意識のある教育委員会であれば当方の開示申請が出る前に、世間の動向や他都道府県の教育委員会の動きなどを敏感に反映して、X市の成績をどう活用するかの議論があってしかるべきであるが、そのような動きは一切なかった。当方からの情報開示請求があって初めて意見交換を始め、泥縄式に出たのが今回の結論である。

それに併せて遅まきながら本年六月から漸く、平成一九年度と二〇年度の本調査結果の課題や考察が、すべての学校を包括してX市のホームページに公開された。この程度の評価さえX市教育委員会は公表してこなかったのである。これをみて直ちに分かることは成績の傾向が平成一九年度と平成二〇年度でまったく同じだということである。すなわち、X市では、全国一斉テストは実施するもののその結果の考察、改善策の策定と実施指導などはほとんどなされず（結果から類推してそのように断じざるを得ない）、役立てられてこなかったことがこの傾向から分かる。早くから情報公開がなされていればこのような不作為はもっと早い段階で指摘され、費用の無駄使いと不適切な教育現場の放置は避けることができたはずである。

数十億円の費用を掛けた全国一斉テストであるから、それに相応しい成果をあげることが一斉テストの趣旨であるはずであるが、情報を公開しないがゆえにこのような事実が隠蔽され、この不適切な傾向は今後も続く恐れが強い。

国民が情報を共有し、官民協力して学校環境を改善してゆくことが、大幅に低下した学力に歯止めを掛ける極めて有効な方法であり、そのためには、きめ細かな情報公開が何よりも必要なのである。直ちに『情報公開』が難しいのであれば、せめて『情報開示』は直ちに実施する必要がある。

なお、X市教育委員会の不開示理由説明書の2（6）に「……、行政機関の保有する情報の公開に関する法律第五条第六号の規定を根拠として、……」と、あたかも文科省は当該法律を根拠にしてテスト結果の公開を禁じているように書かれているが、実施要領では当該法律を明記して公開を禁じているわけではないことを指摘しておく。

2. 不開示とした判断理由に対する意見

（1）全国一斉テストは総論でも述べたように日教組等反対勢力の強い反対闘争により中断に追い込まれた経緯があり、そのために実施に当って市と国が慎重に協議していることは十分必要なことである。しかし、その実施結果である情報（市内全小・中学校の科目別平均点）については「公にすることにより、市及び国等の協力関係又は信頼関係を不当に損なうおそれのあるもの」ではない。すなわち、X市情報公開条例第七条第六号に述べる「協議、依頼等に基づいて作成し、又は取得した情報」には当らない。

なぜなら、これらの情報は「協議、依頼等に基づいて取得した情報」ではなく、単にX市教育委員会が文科省、及び県教育委員会の指示に基づいて実施したテストの結果のフィードバックに過ぎないからである。X市情報公開条例第七条第六号に述べる「協議、依頼等に基づいて作成し、又は取得した情報」とは、その情報を取得するために協議、又は依頼したものであるが、全国一斉テストの結果である成績は、その実施によって発生したものであり、したがって、「公にすることにより、市及び国等の協力関係又は信頼関係を不当に損なうおそれのあるもの」にはならない。すなわち、テスト結果そのものはX市情報公開条例第七条第六号には当らない。

しかも、異議申立書でも指摘したように実施要領には『域内の学校の状況について個々の学校名を明らかにした公表は行わないこと』とはあるものの、申請に基づく『情報開示』については何ら制約がない。X市教育委員会は常々『情報公開（公表）』は不特定多数に情報を開示するのに対し、『情報開示』は開示を求める特定の人に情報を渡すことで、それらはまったく別物だと説明してきた。当方は『情報公開』を求めているのではなく、『情報開示』を求めていることに留意されたい。

また、このことも異議申立書で指摘したが、公教育はプライバシーを除き情報公開が大原則なのである。「教育に競争原理を持ち込んではならない」「学校間の序列化につながる」などの意見は余りに世間と掛け離れている。当方は、個人の成績の公表を求めているのではなく、学校毎の平均点の開示を求めているに過ぎないのである。

（2）X市情報公開条例第七条第四号は「市及び国等の内部又は相互間における審議、検討又は協議に関する情報」の公開について制限をつけている。確かにその審議情報が未だ市民に知らされていない情報の場合は、それが「公になることにより、率直な意見交換若しくは意思決定の中立性が不当に損なわれる恐れ」はあるかもしれない。このことについても異議申立て書で述べたように文科省は、全国学力・学習状況調査に関する実施要領（以下「実施要領」）の中で『ア　教科に関する調査』という項目を設け、『小学校調査は国語・算数とし、中学校調査は、国語・数学とすること。』と明記している。これについてX市教育委員会が異議を唱えているのであれば条例が指摘するように（学力の定義について）「不当に市民の間に混乱を生じさせるおそれ又は特定の者に不当に利益を与え、若しくは不利益を及ぼすおそれ」がある。しかし、X市教育委員会が文科省とこのこと（学力の定義）について審議、検討又は協議しているわけでもない。開示に当っては文科省の実施要領の『ア　教科に関する調査』を明記すれば何ら混乱を生じるおそれはない。

（3）X市情報公開条例第七条第五号は「市または国等が行う事務又は事業に関する情報」

の公開に制限を設けている。この条文は将来に向けて事務、又は事業を実施する場合、それを事前に公開すると「当該事務、又は事業の適正な遂行に支障を及ぼすおそれ」があることに鑑み、制限を加えているものである。平成一九年度、平成二〇年度の全国一斉テストは既に実施済みのものであるから、その成績情報は当該条文に何ら抵触するものではない。

たとえば、X市教育委員会が文科省の見解、すなわち「これが一般に公開されるとなると、序列化や過度な競争が生じるおそれや参加主体からの協力が得られなくなるなど正確な情報が得られない可能性が高くなり、本調査の適正な遂行に支障を及ぼすおそれ」に対して異を唱えているのであれば、その過程で生じる情報は正に当該条項に該当する情報となる。しかし、X市教育委員会がそのような異議をとなえているわけではないので、この条項にはまったく該当しない。

何度も繰り返すが、学校名とその成績が開示さる程度で各学校が「具体的には、本調査のために他の教育課程をさしおいて、ドリル学習等を学校が行うようになり、本調査の本来的な目的を阻害することなどが考えられる」などとX市教育委員会が述べること自体、いかに教育界が競争と無縁の世界にあるかを如実に表している。通常は適度な競争によって当事者はお互いに切磋琢磨し、それがお互いに高めあう効果をあげると考えるのが世間の常識というものである。それを、このように極端な現状（競争を排除する）から極端な状況（教育課程をさしおいてドリル学習に重点を移す）に想像を巡らすことに、教育界が如何に病んでいるかを垣間見る思いがする。

（4）実施要領（5）イにおいて「説明責任を果たすため、当該市町村における公立学校全体の結果を公表することについては、それぞれの判断にゆだねる」と明記されている。その判断を、情報開示請求が出されて慌てて今年五月の定例教育委員会で審議すること自体、X市教育委員会は本気で説明責任を果たす積りがあるのかどうか、極めて疑わしい。平成一九年度の全国一斉テストはすでに二年以上前に実施され、結果は一年以上前に出ていたのである。

これも繰り返しになるが、出来る限り情報を公開し、情報を共有してX市の子供達の学力向上を教育関係者と一般市民が共同して進めるのが一般市民の普通の感覚だと思うのだが、X市教育委員会はどうも逆の方向を向いているように思えてならない。旧教育基本法第一〇条を盾にした教育界の事なかれ主義と隠蔽体質が教育関係者の保身意識を助長してしまったがこれからは、新教育基本法の精神に則り社会常識の共有できる教育界に変えてゆかなければならない。全国一斉テストの成績公開は、その最初の一歩に過ぎないものである。

口頭陳述による開示の必要性の説明

不開示理由説明書に対する意見書を出してしばらくすると情報公開審査会長Kから手紙があり、八月三日に市役所会議室において双方からの口頭による意見陳述を聞きたいので出頭するようにという招請状だった。

陳述は双方が時間をずらせて同じ会議室で行う。最初に教育委員会側の意見陳述があり、それが終わった後私が入室して意見陳述をした。陳述を聴取するのは情報公開審査会委員である。委員長と委員二名で構成されるが当日委員長は体調不良とのことで欠席だった。二名の委員はいずれも市の顧問弁護士とのことだった。

そこで私は、大略次のような話をした。

まず、戦後日本の特徴として、

一、戦後の日本は、占領軍によって徹底的に洗脳された。ＷＧＩＰ（War Guilt Information Program）のもとに東京裁判、検閲による言論統制、ＮＨＫによる「真相箱」放送、焚書、などが巧妙に実施され、日本人の大東亜戦争に対する罪悪感を徹底的に植え付けた。東京裁判についでは後にマッカーサー自身もその間違いを認めている。

二、占領軍は、左翼を野放しにした。つまり、日本の転覆を画策して獄につながれていた共産党員を出獄（解放）させる一方、公職追放によって有能な人々を追放した。この空いた地位をこれらの人々が占拠し、それが今でも続いている。それと共に労働組合が先鋭化し、日教組もその流れの中にあった。

三、経済優先主義。岸内閣で日米安保条約が改定される際東京は騒乱状態に陥った。この経緯を踏まえた後続の池田内閣は低姿勢に転じ、経済を最優先にして軍事問題は米国に任せてしまう。歴代内閣もそれを踏襲した。その結果社会は金儲け第一主義になり、安全保障問題は人々の念頭から消えてしまった。その間隙をついて教育現場は日教組のやりたい放題がまかりとうるようになってしまった。

日教組のやりたい放題の具体例として、その当時大きく報道されていた大分県教育委員会の教員採用試験の不正を挙げた。中山成彬国土交通大臣（当時）の「日教組は教育のガン」発言は、まさにそのとおりである。その結果、骨のある教師は排除され、保身に長けた教師、日教組にすり寄る教師が多く出世する。

更に、加えて、日教組の組織率は近年低下しつつあるもののこの傾向は変わらず、結局教育現場は、子供を伸ばすことよりも周囲からいろいろ言われることや波風を避けることを優先するようになってしまった。それが、競争は避ける平等主義につながり、それが今日まで続いている。

当該一斉テストは基礎学力を調べることを目的としているが、学力を伸ばすためにある程度の競争は必要である。現在の教育現場は密室化し、事実を隠ぺいする体質に陥っている。

X市は、テスト結果の概要を市のホームページで公開しているが平成十九年と平成二十年の内容は殆ど同じである。しかも、平成十九年の結果は昨年（平成二十年）に公表できたのに、今年私が情報開示を請求したのち漸く今年六月に掲載された。これでは単なるアリバイ作りとしかいいようがない。

平成十九年の結果を反省してどこをどのように改善し、その結果平成二十年はこのように良くなった、などの分析が一切ない。

このような怠慢を追放し透明性高めるには、結果を公表・開示することが必要である。現在学校の通知表は絶対評価なので子供達は自分自身の評価、全体での位置づけが全くできない。これでは子供達が可哀そうだ。事実、ある中学校の校長は、生徒達は自分達の学校がどの位置にあるのかを知りたがっていると私に話してくれた、などと述べた。

最後に、このように子供達自身が学校の位置づけに強い関心をもっているのは正常な感覚である。興味本位の学校間競争ではなく、子供達に自分の立ち位置を分らせるためにも、学校別平均点の開示は重要である、と結んだ。

泰山鳴動して鼠一匹

このような手続きを踏んで「X市公文書部分開示決定通知書」なるものが届いたのは九月半ばだった。三月二十六日に開示申請をしてから実に六ヶ月が経過していた。

結論は「開示すべき」。

しかし、開示内容は「平成十九、二十年度に実施した全国学力・学習状況調査の結果のうち、X市内全体の科目別平均点及び市内全小中学校の科目別平均点」のみ。たったこれだけの内容を開示するのに半年掛かったということだ。しかも、開示された市内すべての中学校の平均点では、ほとんど意味がない。

これが教育委員会の実態である。隠蔽体質もここに極まれり、の感が強く、以来私は、これまでの諸々の実態と併せてこんな教育委員会などもういらない、と強く思うようになった。

この部分開示について九月十七日付読売新聞が、『科目別平均点を開示』の見出しのもと、『X市教委は十六日住民から情報公開を求められていた二〇〇七、〇八年度の全国学力テストの結果のうち、市全体の科目別平均点を開示した。〇九年度についても開示した。住民が請求していたのは、市全体の科目別平均点のほか、市内全小・中学校の科目別平均点。市教委はいずれも不開示としたが、異議申し立てに対し、市情報公開・個人情報保護審査会は今月七日、「市全体については開示が妥当」と答申していた。』と小さく報道してくれた。

第六章
教育委員会活動報告書作成の事務局への丸投げ

地方教育行政法改正とX市教育委員会の対応

平成十八年十二月の教育基本法の改正によって教育の正常化は一歩前進したが、その実現を確実にするために教育三法も改正された。地方教育行政法の改正では、教育委員会は毎年、教育委員会事務局を点検・評価して報告書を作成し、議会に提出するとともに、公表することが義務付けられた。

このことは平成十九年九月の教育委員会で初めて教育長から報告があったが、この日の議題としては明示されていなかった。教育委員会恒例の、冒頭の教育長報告の後の雑談がひとしきり済んだ後で教育長から、その説明があった。このことについては、教育委員長Bが強く反発したことは前にも書いた（第二章　教科書採択という芝居）。

委員長の主な反対理由は、

・教育委員の責任の範囲が（自分には）分らない
・教育委員の実働は月一回であり、（それでは）改正された法律には対応できない
・これ程大きな仕事はまる一日掛けないとできない
・事務局に机と椅子を用意して貰い、常勤でなければ報告書はつくれない
・教育委員は教育の根幹にかかわることのみ意見を述べるのが仕事であり、報告書の作成は職

務になじまない

などと子供の言い訳のように出来ない理由を並べ立てて、法律に従う積りのまるでないことを、怒気を含んで強調した。しかし、これまで書いてきたように同教育委員長が「教育の根幹にかかわる意見」を述べることなど聞いたことがない。

「第三者何とか（ママ）委員会」が議論しているので心配していたが、その通りになってしまった」とも述べて不満たらたらの体だった。その日の議事録には、

【平成19年9月21日議事録（一部抜粋）】

教育長Cから、別紙資料により、地方教育行政法の改正に伴う、教育長へ委任できない事務の明確化及び教育委員会の活動の自己点検・評価報告書の議会への提出に関する説明がなされた。

としか書かれていない。そして最後に「教育長から説明のあった改正に関しては、今後、県等から詳細が示されると思いますので、その段階で、教育委員会としての対応を検討していきたいと思いますので、よろしくお願いいたします。」との教育委員長Bの発言で締められている。

非公開審議という隠蔽《いんぺい》

その後の教育委員会ではこの件はずっと議題に上らず、翌平成二十年八月の教育委員会でようやく議題になった。

ところが、である。この日は議事が四件と「その他」が一件あったが、議長である委員長Bが「議事に入る前にお諮り致します。本日の議題は四件とも、教育委員会所管事務に係る議会の議決を経るべき議案に関する案件でございます。その他の協議事項は、議会への報告に関する件でございます。いずれも議会への提案前でございますので、地方教育行政の組織及び運営に関する法律第十三条六項の規定に基づき、非公開で行いたいと思いますが、いかがでしょうか。」と提案し、全委員賛成で非公開にしてしまったのだ。点検評価報告書の点検項目については、点検・評価される側の教育長Cから方針が示されていた。

ちなみに、この日の会議の次第を列挙すると

一、開会

二、前回会議録の承認

三、議事

（1）議案第22号　X市総合市民体育館設置及び管理の一部を改正する条例について
（2）議案第23号　工事請負契約の締結について
（3）議案第24号　教育委員会所管に係る平成二十年度X市一般会計予算（第2号）について
（4）議案第25号　教育委員会所管に係る平成二十年度X市一般会計補正予算（第3号）について
四、その他
　平成十九年度教育行政の執行状況に係る点検・評価報告書（原案）について
五、閉会

　それまでは、人事案件以外はいずれの議案も非公開などにはせずに傍聴者にも資料も配って傍聴を認めていたが、いつの頃からか、議会に諮る案件については議会の承認を得ていなからという理由をつけて非公開とするようになった。要するに教育委員会が聞かれて困ることは非公開にしてしまうのである。

　ちなみに、地方教育行政法第十三条六項には「教育委員会の会議は、公開する。ただし、人事に関する事件その他の事件について、委員長は委員の発議により、出席委員の三分の二以上の多数決で議決したときは、これを公開しないことができる。」となっていて、これを乱用するのである。

「その他」の案件を議事録で見ると「この案については、各委員でお読み頂き、ご提案、お気付きの点等ありましたら、事務局に連絡し、修正した案を来月の委員会で再度審議するということでお願い致します。」と委員長Bが発言したことが書かれているだけである。ただ、このことからも、点検される側の事務局が点検事項を選び出し、報告書を書いていることが明白だ。折角の法律改正も完全な骨抜きである。

改正地方教育行政法第二十七条はこれまで見てきたように、教育委員会は、教育長に委任された事務を含み自らの権限に属する事務のすべてが（事務局によって）適切に管理・執行されているかどうかを自ら評価・点検し、報告書をつくって議会に報告しなければならないとしているのに、その自らの義務を教育長と事務局に丸投げしているのだ。

それが白日のもとに晒されるのを嫌って、会議を非公開にしたのである。そこで直ちに教育長C宛に質問状を送った。本来教育委員長Bに送るべき質問状だが、同人は一切回答しない（職務怠慢を決め込む）ので、教育長宛にした。

【平成20年8月28日：教育長C宛】

拝啓　残夏の候、ご健勝のこととお慶び申し上げます。いつも教育委員会を傍聴させて頂きありがとうございます。

さて、八月の教育委員会定例会において、今年四月一日施行された改正地方教育行政法に基づき、教育行政の執行状況に係る点検・評価（以下「点検・評価」）について貴職より提案がありました。この法律は昨年安倍内閣において、多くの教育委員会が形骸化している現状に鑑み、教育委員会の責任体制の明確化と教育委員会の体制の充実を目指して制定されたものです。

私はX市教育委員会の傍聴を始めて八年目になりますが定例会議を傍聴する限り、教育委員は事務局の言いなり、事務局提案の追認に終始し、委員が独自に議案を提出したり、教育指針について提言することも皆無でした。

しかも、委員の方々の中には自分は教育委員になりたくてなったわけではない、頼まれたから仕方なくやっていると堂々と放言したり、教育委員辞退を申し出ても、いずれY町（当時）と合併すれば教育委員は変わるのだから、それまでやっていて欲しいと市長より慰留されて続けているという委員もいると聞き及んでいます。これでは教育委員会が形骸化するのも当然と思われます。

ところで、今般貴職より提案された点検・評価の方針案は貴職、すなわち点検・評価される側の視点で作成されたものであり、これは本末転倒です。しかも、評価の対象が第三次総合振興計画に盛られた政策として、評価される貴職側が予め枠を規定するのもおかしな話です。この計画も教育委員が自ら策定したのではなく事務方が作成したものであり、教育委員独自の視点は殆どないはずです。

この度改正された法律の趣旨は、教育委員自らが独自の視点から教育委員会の事務の管理と執行を点検及び評価し、それによって教育委員会の機能を高めることであるはずです。貴職のご提案は教育委員会（会議）の形骸化を一層進めるだけであり、法律の趣旨を骨抜きにするものと思います。評価シートの作成など形式的なことは事務局でするにしても、点検・評価方針、項目は教育委員が会議で決めるべきことと思いますが如何でしょうか。このような声は教育委員から出て当然と思いますが、先般の会議でまったく聞かれなかったのも奇異でした。

貴職の書面によるご回答をお願い致します。

敬具

この質問状に対し、教育長Cから以下の回答が来た。

【平成20年9月4日：教育長Cからの回答】

日ごろよりX市教育行政に対しご理解とご協力を賜り感謝申し上げます。

さて、先日篠原様からX市教育行政の点検・評価に関する提案に関し、書簡によるご質問をいただきました。

今回教育委員会にお示しした点検・評価に関するご提案は、文部科学省から提供された資料や、近隣の市町村教育委員会から聴取した情報等を勘案し、教育委員会の協議のたたき台としてまとめたものです。点検・評価は当然、教育に関する計画や方針、主な施策等に対して行うものであり、対象となるものは自ずと限定されると考えます。

その点検・評価の内容については、事務局が材料は提供するものの、教育委員の協議を通してまとめられるものと考えております。

今回は改正法施行後初めての実施であり、今後研究、研修等を重ねてより適切な点検・評価が行われるよう検討して参ります。

主客転倒の議会報告

これ以降教育行政の点検・評価が議題になると会議は非公開になってしまう。そのため、教育委員がどのように報告書作成に係わったかはまったく分からないまま、点検・評価報告書が十二月の市議会で報告されることになった。報告は本会議ではなく「議員全員協議会」という会議だった。

驚いたことにというべきか、やはりというべきか、報告者は管理監督する立場の教育委員長ではなく、管理監督される側の教育委員会事務局の課長だった。

その報告書の内容は、市の総合振興計画に記載された計画内容のうち教育委員会に関する計画を取り出した、単なる活動実績に過ぎない。

すなわち、教育委員会がその事務局の仕事ぶりを点検して評価した報告ではなく、単なる活動報告書に過ぎないのだ。しかも、この報告書は明らかに事務局で作ったものである。

ほとんどの議員も法律改正の内容は勿論教育三法の改正すら知らないようなので、このような出鱈目の報告を受けても反応がない。したがって、法律改正の精神がまったく生かされないまま、形骸化した教育委員会が存続し続けることになるのだ。

このようにことになるだろうことは、教育委員会を傍聴している段階から明らかだったが、やはりそのようになってしまった。

そこで、議員Uには前々から、本来この報告書は教育委員自身で作成するものであることを説明しておいて「この報告書を書くために教育委員は何回会合を開いたか、何時間を要したか」

と質問するよう頼んでおいた。

この質問には当然事務局課長は答えられずオロオロしていると議長が、この場は報告の内容についての質疑をするところであり、そのような質問は協議会の趣旨に反すると言って、質問自体を退けた。

そこで、この質問は十二月十五日の市議会の一般質問で議員Uにしてもらった。


本来この質問の回答は、教育委員長が答弁すべきものだが委員長は出席せず、点検評価される側の教育部長が答弁に立った。その答弁によると、報告書をつくるために教育委員が関与した時間は2回の教育委員会のみの三時間程度（筆者注：実際は三十分程度）、一方事務局が要した時間は百数十時間程度とのことだった。この回答から、報告書は事務局がつくったことを認めたことになる。

ただ、教育部長は答弁のなかで、報告書は教育委員さん達と一緒につくった、と言う。点検・評価される側が関与すること自体法律の趣旨に反するが、そのことに事務局は頓着していない。それほどに今の教育委員会は形骸化しているのだ。

同時に教育部長は、今年三月頃文科省より参考資料として既に教育委員会が点検・評価を実行してきた報告書が送られてきて、その内容と同じようにした、と責任は文科省にあるように言い訳もした。

ただ、もし本当に文科省が今回の法律改正を骨抜きにするような文書を各都道府県に送ったのだとすれば、文科省にも問題がある。折角法律が改正されながらこのようにして現場レベルでは何らまともに対応しようとしないのが現実なのだ。

教育委員を名誉職としか考えていない教育委員による教育委員会の正常化は、ほとんど不可能に近いと考えざるを得ない。

この感想と抗議を年明け早々教育委員長Bに送った。

【平成21年1月6日：教育委員長B宛】

拝啓　新春の候、ご健勝のこととお慶び申し上げます。

さて、昨年4月より改正地方教育行政法が施行され、市の教育委員会は、毎年、その権限に属する事務の管理及び執行の状況について点検及び評価することが義務付けられ、また、その結果を報告書にまとめて議会に提出するとともに、公表することも義務付けられました。

昨年十二月に公表されたX市教育委員会の報告書について、十二月市議会本会議で市会議員Uより、この報告書は誰がつくったのか、また、それをつくるために要した時間はどれくらいか、との質問がありました。本来この類の質問には貴職が答弁するものと考えていましたが答弁に立ったのは、点検評価される側の事務局の教育部長Yでした。点検評価する側の責任者である貴職がなぜ答弁に立たなかったのか、理解に苦しむ対応でした。

教育部長Yは答弁で、報告書をつくるために教育委員が関わったのは三回の教育委員会で3時間程度、一方、事務局職員が関わったのは百数十時間と述べました。私はこの一年間すべての教育委員会定例会を傍聴していますが、定例会でこの件が話題になったのは二回のみでした。一昨年九月の定例会で教育長Cより当該法律改正の趣旨説明があり、また、昨年八月の定例会で同じく教育長Cより、点検評価項目の提案がありました。点検評価される側のトップである教育長が報告書に盛り込む内容を提案するのは極めて奇異なことですから私は直ちに教育長に対し、その理由を文書で質しました。

それに対し教育長Cは、この提案は教育委員会の協議のたたき台としてまとめたものであり、『その点検・評価の内容については、事務局が材料は提供するものの、教育委員の協議を通してまとめられるものと考えております。』と回答しました（平成二十年九月四日付け回答書）。

その後の定例会ではこのことについては一度も協議されず、昨年十二月に突然報告書が提出され、また、公表されました。すなわち、この件に関して教育委員は、二回の定例会において三時間どころか三十分程度の質疑応答をしただけで、協議らしい協議は一切しませんでした。

事実、この報告書作成のために事務局職員は百数十時間を掛けたとのことですから、実態は、点検評価する教育委員は何もせず、点検評価される側がすべてを自己点検し、都合の悪いところは書かない内容になりました。

そもそもこの度の法律改正は、形骸化した教育委員会を本来期待される、事務局を主導する実態のある機関に戻すことを目的にしたはずですが、これでは改正の趣旨がまったく生かされません。

この法律改正の趣旨については貴職は良く理解していて、一昨年九月の定例会で教育長Cから法律改正の趣旨説明があった際、月一回の教育委員会だけでは法律が求める報告書は作れない、教育委員が事務局を点検・評価するためには事務局に教育委員用の机と椅子を用意してもらわなければならない、教育委員は教育の根本にかかわるものについてのみ意見を言うものであり、報告書の作成は職務になじまない、などと散々不平不満を述べ立てました。

このように教育委員に求められていることを理解しながら実際には事務局に丸投げしたことについて、貴職は何の痛痒も感じないのでしょうか。

また、当該報告書の内容はX市第三次総合振興計画の中に教育行政に関してあげられた項目を単に羅列して、その実施状況を記述したものに過ぎず、点検・評価というに値する体をなしていません。たとえば、X市の場合「教育に関する三つの達成目標」のうち『規律ある態度』はこの数年来低迷していますがそれを向上させるために何をしたのか、何が原因なのか、今後何をすべきか、などの検討は皆無です。一事が万事この調子で、何のための点検・評価報告書なのか。法律が改正され、言われたから事務局に作業を強いて体裁を整えたというほか言いようがありません。

このような報告書になった理由について教育部長Yは昨年十二月議会の答弁の中で、「今年三月に文科省から、この法律改正に伴う報告書作成の参考にするようにと、すでに各地方自治体で独自に行っていた点検・評価報告書が送られてきたので、これを参考にしました。」と、あたかも、このような報告書になったのは文科省の事務連絡に基づいた結果であると受け取れる発言をしました。

そこで本日私はX市教育委員会事務局に出向き、文科省から各都道府県・指定都市教育委員会に送られた文書、及びこれを受けた県教育局から市長村教育委員長宛に送られた文書を仔細に点検しました。その結果判明したことは文科省が、報告書は単に行事の羅列でよいとしたわけではなく、行事の羅列に過ぎない某市教育委員会の報告書を参考にして、それに準じた報告書を作成していたということです。文科省の事務連絡に参考資料として添付された、いくつかの県や市の教育委員会の報告書はいずれも当該改正法律が施行される以前に地方自治体が独自にまとめたものであり、改正法律の趣旨をくんだ報告書ではありません。そのことを百も承知のうえで、それに準じた今般の報告書を事務局につくらせ、かつ、公表したのだとすれば極めて悪質であり、貴職の責任は重大です。

X市には前の市長の置き土産の小学校低学年の三十人学級の実施、県内平均を下回る規律ある態度の欠落した小中学生、不登校ゼロを掲げながら一向に達成されない現実、同和問題に重点を置いた人権教育など、その効果が具体的には不明な施策が多々あります。このような問題を放置して事務局がつくる点検・評価報告書は、無意味、かつ税金の無駄遣いです。来年度はきちんと改正法律の趣旨に則った報告書をつくるよう強く要望します。

敬具

写：T埼玉県教育委員会委員長
X市教育委員会教育長C

この書簡にも何の反応もなかった。書状に一切回答しない教育委員長の怠慢には呆れてものがいえない。無責任にも程がある。

教育委員会非公開の定常化

前述したように、この年三月に私は全国一斉学力テストの市内学校別成績の開示申請をしたため、教育委員会の四月、五月の主な議題は開示すべきか否かの議論が中心だった。

私は、市内のすべての学校の成績を開示して、学校間の情報交換を密にし、それぞれ切磋琢磨して学校の質の改善に結びつけるべきだと考えていたが、教育委員長Bの「教育に競争原理を持ち込んではならない」の意見に押し切られて非開示になった。

しかし、この考え方はおかしい。そもそも入学試験は競争であるし、入社試験も競争である。社会は競争原理で成り立っている。学校時代に競争を意識させず、そのまま社会に放り出したらどうなるのか。ちょっとの躓きにも挫折し、仕事を辞める、定職に就かなくなる、引きこもりになる、などの若者の何と多いことか。

子供のうちから競争を意識させ、挫折を経験させ、その耐力を付けさせることこそ教育の重要な使命の一つと考えるが如何だろうか。教育委員会にはこの観点がすっぽり抜けている。敢えて言えば、教育委員達は己の安泰、事なかれ主義を最優先していて、子供達のためになることとは何かを考える視点は眼中にないのだ。

さて、本題に戻る。六月、七月の教育委員会で本年（平成二十一年）の点検・評価報告書をどのようにつくるかについての議論があった。六月の委員会では、はじめに教育長Cより、前年度は議会に報告し、また公開もしたが十分な形にできなかった。それは議会でも指摘された。今年度は各委員の意見を良く聞きながらしっかりした報告書をつくりたい。ついては教育委員の意見をどんどん出してほしい、との話があった。また、昨年度は市の総合振興計画と教育委員会の計画ではリンクしていなかったが今年度はリンクするようにした、との補足説明があった。

これに対して委員長Bは、このような制度があるにしろ実のある報告書をつくるのは難しい、と否定的に応じていた。

七月の教育委員会のこの件（教育委員による教育委員会事務局の点検・評価）に関する様子は、議事録を抜粋して紹介する。

【平成21年7月22日：教育委員会議事録関連部分抜粋】

教育長C　昨年の十二月議会で報告し、いろいろなご意見をいただいておりますので、これらを踏まえ、委員の皆様の関わりなどについてご検討をいただきたいと思います。

委員長B　前回の委員会に続きましてこの件についてご意見をお願いします。総合振興計画、昨年度の点検評価報告書、主要な施策の報告書などの資料提供もありましたので、これらを踏まえてご意見をいただきたいと思います。

委員F　点検評価に当たっては、実施要領として基本となることについて、あらかじめ定めておくことも必要と思います。

委員D　基本方針を定めておく中で大事なことは、評価の方法や公表について決めておく必要があると思います。

委員G　毎年のことになりますので、基本方針をきちんとしておくことは必要と思います。

委員長B　実施要領については、ただいまのご意見を事務局でまとめていただき、たたき台として検討し、さらにいいものにしていきたいと思います。また、対象事業につきましては、前回にも申し上げましたが、総花的にならないように的を絞ったほうがいいと思っておりますがどうでしょうか。

委員D　第四次総合振興計画を基本に考えると、「次世代を担う子どもを育てる」の中で、安心安全な教育環境の整備、学校の教育力の向上、教育内容の充実については委員会として取り上げたほうがいいかと思います。それと現在進めております黒浜貝塚の整備、先ほど話しの出ました人権教育については対象事業としてよいかと思います。

委員長B　ただいま出ました意見を踏まえ、二十年度に実施した主な事業の取り組み状況を対象としたいと思います。次に、教育委員会の関わりについてですが、委員の皆さんのお考えはいかがでしょうか。

委員G　点検評価は教育委員会が行なうものですので、それに沿った構成の工夫が必要と思います。評価するに当たっては、事業を行なった報告書をもとに、点数をつけていく方法がいいと思います。

教育長C　事務局としては経過も見てほしいという思いはあろうかと思いますが、計画と結果を比較してどうかという評価になろうかと思います。

委員長B　問題をどう解決していったかということは重要なことですが、ただいま教育長がいわれた形で評価をしたいと思います。まずは各委員が評価をし、委員会でまとめていきたいと思います。知見の活用については昨年にもお願いしてきましたが、引き続いて学識経験者の方にお願いしたいと思います。また、児童生徒数などの資料についても参考として載せていきたいと思います。さらに、議会への報告についは、昨年と同じように十二月議会を予定してよろしいでしょうか。スケジュールについて事務局からありますか。

主幹J　本日いただきました意見を踏まえまして、取り組み状況の報告書案を八月に提示し、それをもとに点検評価をしていただければと考えております。
委員長B　次回は、より具体的なものを討議・検討し、より良いものにしていきたいと思います。

こうして点検・評価するための基本的な方針が定まり、ようやく八月には教育委員自身による本格的な意見交換が始まることになった。

再び、「ところが」である。八月の教育委員会では「教育行政の執行状況に関する点検・評価報告書（原案）」が議題になると、また非公開にしてしまったのである。要するに教育委員会丸投げの実態を見られたくないからである。

そこで、帰宅すると直ぐに教育長Cに抗議の手紙を書いた。

【平成21年8月26日：教育長C宛】
拝啓　晩夏の候、ご健勝のこととお慶び申し上げます。いつもお世話になります。
さて、最近の教育委員会がしばしば非公開になるのを怪訝に思っています。非公開にする根拠として、地方教育行政法第十三条六項を挙げますが、本日の議題「（3）教育行政の執行状況に関する点検評価報告書（原案）」までこの条文で非公開にするのは不適切と感じます。同条第六項は「教育委員会の会議は、公開する。ただし、人事に関する事件その他の事件について、委員長または委員の発議により出席委員の三分の二以上の多数で議決したときは、これを公開しないことができる。」とあります。

「教育行政の執行状況に関する点検評価報告書」の議事は「人事に関する事件その他の事件」ではありません。そもそも教育行政の執行状況に関する点検評価報告書の作成を事件と捉えること自体、不自然です。

以前にも指摘しましたが当該条項は形骸化した教育委員会を活性化させ、事務局の行為の追認機関に堕してしまった教育委員会に本来の役割である、事務局の管理監督を行わせることが主たる目的です。

先月の教育委員会の協議事項にも当該報告書作成が議題としてあり、委員と事務局の意見交換がありました。その内容は昨年同様評価される事務局が主導権を持ち、教育委員は事務局から提案された事項について感想の類を述べているに過ぎませんでした。これでは昨年同様評価される事務局が作文し、教育委員が追認するだけの、お座なりの報告書で終わる可能性が極めて大きいと危惧します。

そもそも先月の教育委員会で当該報告書作成が協議事項の議題にのぼり、今月さらに掘り下げて議論することになっていました。この一ヶ月の間に教育委員達がどの程度問題点を掘り下げて検討してきたか強い関心をもって本日傍聴しましたが、これが今月は協議項目ではなく議事項目として掲げられた途端、非公開にするのは理不尽です。

協議項目の時は傍聴を許し、議事項目になった途端これを事件として扱い、非公開にしたことは納得できません。分かるように説明してください。都合の悪いことは隠蔽して、当時者だけでこそこそと一般市民を欺いていてはまともな教育行政は成り立たず、教育界の混迷は深まるばかりです。

以上、納得のゆく説明を九月九日までにお願い致します。

敬具

これに対し、教育長Cから以下の回答が来た。

【平成21年9月7日：教育長Cからの返信】

日頃よりX市教育行政に対しご理解とご協力を賜り感謝申し上げます。

さて、先日篠原様からX市教育行政の点検評価及び議事録に関し、書簡及びメールによるご質問をいただきました。

教育行政の点検評価につきましては、地方教育行政の組織及び運営に関する法律第二十七条におきまして「教育委員会は、毎年、その権限に属する事務の管理及び執行の状況について点検及び評価を行い、その結果に関する報告書を作成し、これを議会に提出するとともに、公表しなければならない。」と規定しており、議会への報告を義務づけています。したがいまして、点検評価報告書（原案）につきましては、教育委員会としての意思決定前であり、また、市民の代表である議会への報告前でございますので、地方教育行政法第十三条第六項の規定に基づき非公開としたものでございます。また、第十三条第六項の事件とは、事柄、案件を指すものでございます。

なお、昨年につきましても非公開としております。

また、点検評価に関し、事務局が事業の取組み状況は提供しておりますが、教育委員会が自ら点検評価するという趣旨を踏まえ、点検評価の基本方針や対象政策、評価方法、報告書の構成等、教育委員会の協議を通してまとめておりますので、ご理解をいただきたいと存じます。（後略）

これでは回答にならないので、再度手紙を郵送した。

【平成21年9月23日：教育長C宛】

拝復　この度は八月二十六日付質問状にご回答頂きありがとうございました。

来年度から使われる中学校の教科用図書の採択が終わり、今年の大きな山場を越えました。本来教科書は教育委員が決めるものですがX市教育委員会の場合ほとんど教員に丸投げしているような印象を受け、極めて残念でした。しかも採択の議論を非公開にし、どのような議論の末にどのような理由で貴教育委員会が教科書を選んだかはまるでわからず、これも残念に思います。

現在同じ志を持つ仲間達と情報交換していますが、教科書採択の会議を非公開にしたのはX市くらいのもので、多くの自治体の教育委員会は公開しています。二年後の採択では是非公開して堂々と議論して頂き、我々傍聴者も納得するような選択をして頂きたいと願っています。

また、「教育行政の執行状況に関する点検評価報告書」の議事さえ非公開にするのは、なんとも情けないと思います。本来公務員には納税者に対する説明責任がありますが、いろいろな理由をつけて非公開にするのは、この説明責任を果たしていないということです。議会に提出する結論を公開しろといっているのではないのです。その結論に至るプロセスを公開してくださいとお願いしているのですが『教育委員会が自ら点検評価するという趣旨を踏まえ、点検評価の基本方針や対象政策、評価方法、報告書の構成等、教育委員会の協議を通してまとめておりますので、ご理解をいただきたいと存じます』では何が言いたいのか分からず、非公開の理由にはなりません。議員Uが今般の市議会で指摘したように、この議題を非公開にしている近隣市町教育委員会はありません。

いつまでも、この程度の議論すら隠すようでは先が思いやられます。これまでの議題はすべて事務局のお膳立てで、教育委員自ら問題提起する場面は見たことがありません。全国一斉学力テストの情報開示については私の情報開示請求まで議題にものぼらず、教育委員の中にはこのテストがどのようなものかも知らないとしか思えない発言をしている人物もいました。

その他、貴教育委員会には、教育委員を名誉職と勘違いしているとしか思えない人物、辞めたいと申し出ているにも拘わらずY町と合併すれば教育委員は全員辞職になるので、それまでやって欲しいと市長より慰留されたと言う人物、一年後にY町との合併があるので任期は一年と考えて引き受けたと挨拶する人物、子育てに失敗したのでその罪滅ぼしで教育委員をしていると宣う人物、学校は勉強するところというよりも子供が喜んで通う楽しいところでならなければならないと発言して憚らない人物などがいますが、教育委員会はこのままで良いのでしょうか。極めて疑問に思います。
なお、ご参考までに教科書採択に関連して資料を添付いたしますのでご一読頂ければ幸甚です。

敬具

添付：「史」（新しい歴史教科書をつくる会会報）九月号
写：X市長N（添付なし）

これに対しては応答がなかった。その後九月、十月にも「教育行政の執行状況に関する点検評価報告書」が議題に乗っていたが、やはりこの議題になると非公開になった。

本来公開が原則の教育委員会がこのように閉鎖的で、しかも姑息であってはもはや傍聴の価値はない。教育委員が、事務局の業務執行が適切に行われているかどうかを点検・評価することなど、言われなくてもするべき重要な役割である。しかし、その意思も意欲もないのを棚に上げて非公開にして隠蔽することは許されざる所業である。

こうして雨ニモマケズ、風ニモマケズ平成十三年四月から始めたX市教育委員会の連続傍聴は九年目をもって止めざるを得なくなった。

どこの教育委員会もこれと同じようだという積りはない。立派に役割を果たしている教育委員会も多いと信じるが、このX市教育委員会に似た教育委員会も、全国には結構多いのではないかと思う。彼らは自覚することなく日本の教育を毀損し続けているのだ。

おわりに

これまで見てきたようにX市教育委員会は極めて閉鎖的であり、常識から外れたところ、呆れるところ、不透明なところが多すぎる。そもそも教育委員自身、やりたくてやっているわけではないと堂々と放言し、指導主事が平気で嘘をつく。また、都合の悪いところは隠蔽して傍聴をさせない。しかも、同じ教育委員が何年も委員に居続けて、人事が淀んでいる。

前にも紹介したが、ある手紙で、「自分は教育委員になりたくてなったわけではない（頼まれたから仕方なくやっている）」と発言した教育委員長Bに、もしそのような認識であれば辞任すべきだと書き送った。その後も彼は教育委員に再任されたが、その手紙の後の就任の挨拶の際、自分は頼まれたから仕方なくやっていると発言したことがあるが、あれは本心ではない。ほんとうはやりたいのだが、日本人には謙譲の美徳というものがあり、謙遜して（?）あのように発言したのだ。最近は、そんなことも分らないような人も居ると発言して、暗に私を非難したことがある。

もしそれが本心であれば、教科書採択の事前説明の場で、教育委員も教科書を手に取って自分の目で確かめて欲しいと事務局から言われた時に、「自分は教育委員になりたくてなったわけではない。頼まれたから仕方なくやっている。その上に、こんなことまでさせるのか」と激怒した、あれはいったい何だったのか。

私が長年教育委員会を傍聴して特に奇異に感じるのは、教育委員達の教育信念のなさである。特に校長経験者の場合、長い教員生活から、どのようにしたら子供に学業の基本を身に着けされられるか、躾ができるか、また意欲をかきたてられるか、一人前の人間に育てられるか、そのような教育のプロとしての信念がまるで感じられない。

その良い例が成人式だ。成人式が荒れようがどうしようがまるで他人事、それを正常化しようという意識がまるでなかった。それが静粛に行われるようになると、その理由について、その年に成人になった学年の子供（大人？）達は、学校時代も大人しかったからだなどと言い出す始末で、主催者としての自覚もなければ、見識もない。

成人式の意義をきちんと理解していれば、成人式はかくあらねばならないという確たる信念がなければならないし、それから外れればあるべき姿に戻す指導があってしかるべきである。

日教組教育の問題の一つは「人は皆平等」という平等主義にある。それが高じて、同じ人間でありながら教師が教壇から児童生徒を見下ろすのは平等主義に反するとしてすべての教室から教壇を撤去してしまったのが象徴的である。

確かに、日教組の全国平均組織率こそ二十パーセント台になり、組織率だけを見れば往年の勢いはない。しかし、その思想は根強く残っている。

私は、元校長たちの信念のなさは、このことと深く関係しているのではないかと思う。たとえば、教育委員長Bは、教育委員会は義務教育には責任があるがそれ以上には責任がない。したがって成人式で成人を指導する義務はない、と言って何一つ手を打とうとしなかった。

教育委員会は、義務教育のほかは責任がないかどうかは兎に角として、実質的な主催者である以上整然とした成人式を実施する責任はあるはずだ。ところが委員長Bは、主催者は市であり、教育委員会はそれを執行するだけだから責任はない、と言い張る。責任云々を言うこと自体、教育者としての矜持、見識、信念などまるで感じられない。

責任があるかどうかが問題ではない。すくなくとも教師たる大人は、児童、生徒、新成人に比べて圧倒的な経験の持ち主のはずであり、そこから得てきた知恵や教訓を次世代に継承する義務がある。

ところが近年の教育では、子供の自主性を重んじると称して、子供のあるがままこそが大事という風潮が強い。つまり、子供も大人も平等だから大人が上から目線で教えるのはつめ込み教育になる、子供が自ら発見することを助けることが教育、という思想が蔓延している。元校長たちはこの発想に相当にかぶれていて、それが積もり積もって、平等主義と相まって教育信念の喪失につながってしまったのではないかと私は考える。この信念のなさが、成人式で国歌斉唱するかどうかで露呈した。この信念は国家観とも深く関係があるのだが、彼らは国家観が希薄なうえに、指導して教え導くということを忌避するために皮相的な議論を延々と続けることになる。

この、子供との平等主義、子供の自主性を重んじる教育に成果が伴っていればまだ救われるが、現実は惨憺たるありさまだ。これも前に書いたが、今中学一年生で九九の出来ない子が結構いる。つまり、今九九が出来なくてもその必要に迫られれば、その時に覚えるだろう。だから今無理強いして覚えさせる必要はない、という発想である。しかし、二十歳を過ぎて九九を覚えるのは容易ではない。それ以前に、九九を知らないが故に中学校の勉強には興味が持てないであろうし、持てないどころか無為に時間を過ごすことにつながる。

つまり、教育は時に強制も必要であり、つめ込める時につめ込むことも必要なのである。たとえそれが新成人であろうが同じである。ところが第一章でみたように、新成人には大人の自覚が必要だと言うばかりで何ら手を下して教えようとしない。その結果があの混乱であり、国歌斉唱に何年もかかった理由である。子育てに失敗したからその罪滅ぼしで教育委員をしていると告白した教育委員の発想もこの思想であり、これでは子育てに失敗するのもむべなるかな、と思う。これ以上失敗の種を撒くのは止めて欲しい。

もう一つ教育者としての主体性のなさの例を示したい。ある時の教育委員会で、教育委員長Bは、こんな経験談を披露した。

県内一の女子高の校長だった時、学校で防災訓練があった。女子生徒達は訓練を馬鹿にしてだらだらと避難し、その後の消防署長の講評で、ひどく叱られた。その一年後の訓練では実にしっかりと訓練に参加し、その講評では大変褒められた。さすがU女子高の生徒は優秀なので、一度注意されると次は立派に出来る、と言う生徒自慢の話だった。

しかし、この話はちょっとおかしいのではないか。生徒が消防署長から厳しく叱られた時に、まず校長が、自分の普段の指導の行き届かなかったことを恥じるのが普通ではないか。しかし同氏はそれを恬《てん》として恥じる風もなく、自慢げに話したのである。これは、当人に当事者意識が欠落していることに他ならない。この話からも元校長には教育者としての信念が欠落していることを実感した。まるで、教育が他人事なのである。教育者としての姿がなく、子供をあくまでも主体にする。

子供が主体といえば、こんな現場を目撃したことがある。教育委員会は市役所の会議室の他に、市内小中学校の集会室を使って開かれることがある。現地視察を兼ねての会議だということだった。これが果たして教育委員にとって現地視察になるのかどうかの疑問はあるが、私は会議が開かれる前に廊下を巡回出来るので、教育現場を知る良い機会になった。

ある小学校で会議が開かれた時のことだ。廊下を歩いていると、そこを忙しそうに小学生が行き来している。余り何人にも会うので、「何をしているの」と声を掛けたところ、勉強をしていて分らないところが出てくると図書室に行って自分で調べてくるのだという。多分これも、子供が主体になって自主的に勉強する態度を養う一環としての学習なのだろうが、時間の無駄遣いをしているように感じられて仕方がなかった。このようなことをして、自主的に勉強する態度が身に着くのだろうか。本当に自主的に勉強することに興味を持つようになるのは、はじめから調べさせるのではなく、教師が生徒にまず良く理解させることだ。理解が進んだところで初めて調べることに興味を持ち、生徒はより理解を深めよう、広めようとして自主的に勉強の気持ちが起こってくるのだと思う。

同じようなことは挨拶運動でも感じる。ほとんどの小中学校では朝の登校の時間に教師やボランティアが校門の前に立ち「おはようございます」と声を掛け、生徒も同じように挨拶をする。それが身について、校庭や廊下でも訪問者に挨拶してくれる。これは悪いことではない。
しかし、時に自治会長として学校を訪問し、校長といくつかの教室を廻り授業を参観すると、どの教室でも後ろの席の何人かは、わざわざ後ろを振り向いて「こんにちは」と挨拶する。子供が自主的に挨拶するのは良いとしても、これは行き過ぎではないかと思う。挨拶よりも授業に集中してほしい。しかも、このように学校内では過剰なほどに自主的に（？）挨拶をするのに一歩学校を出ると、ほとんど挨拶をしなくなる。

つまり、学校では自主的な調べ物や勉強をする態度を示し、積極的に部外者に挨拶をするにしても、それは学校内だけのことであり、その態度が家に帰ってからも身についていると断言できるところまではゆかない。

誤解のないように補足するが、私は、挨拶運度が良くないといっているのではない。学校で出来る態度が、校門を出た後も持続するとは限らないということを述べただけである。

どうも今の教育は、そして教育者は、子供の主体性を重視し、というよりも、子供が主体性を発揮していると見せかける、その見かけを重視して、見かけが出来ればそれで良しとする風潮が強いように思う。その結果、教師も教育の本質を見失ってしまうのではなかろうか。教育委員会も例外ではない。教科書採択にしても、教科書に何が書かれているかよりも子供が興味を持つ構成になっているか、アクティブラーニングしやすい形になっているかという見かけを優先する。

新教育基本法の施行によって、文科省が新しい学習指導要領に準拠した教科書を採択するよう求めてもこれに従わず、力量のある教師の育成よりも子供主体に重点を置く今のような教育委員会であっては、教育の空洞化はますます進むだろうし、教育委員会の存在はむしろ有害である。

尤も教育委員会は、昭和二十一年三月に来日し、たった一ヶ月で提言をまとめたアメリカ教育使節団の報告書に基づいて都道府県、市町村に設置されたものであり、その目的は文部相（当時）の権限を削減し、中央統制の教育を止めさせることであったから、その意味では、その役割を十分発揮している。ここでも戦後レジームがしっかり根付いており、それからの脱却が急務である。

ここまで教育委員会が駄目なってしまった大きな原因は、これまで見てきたように、実質よりも見かけ、子供の健全な育成よりも自身の保身を優先し、不勉強、不見識な教育委員が増えてしまい、多くが特殊な利権の巣窟と化してしまったからである。

これでは、これからの国際社会で力強く活躍できる日本人を育てるのは無理である。教育委員会は廃止し、抜本的な教育体制の改革が必要である。

篠原 寿一 しのはら としいち

昭和１７年埼玉県生まれ。

昭和４１年東北大学理学部天文学科卒業後、日本アイ・ビー・エム（株）入社。

長年超高層ビルや自動車の構造解析汎用プログラム開発に従事後、ＳＥ研究所でソフトウェア開発プロジェクトのリスクマネジメントの研究。早期定年退職後、情報処理専門学校で教鞭を執るなか教育問題に強い関心を持ち、今日に至る。日本リスクマネジメント学会、新しい歴史教科書をつくる会、全国教育問題協議会など多数の団体に所属。NPO 法人新現役ネット「教育を考える会」代表。

こんな教育委員会はいらない
――教育委員会への手紙――

平成 27 年 11 月 6 日　初版発行

著　　者　篠原 寿一
発 行 所　株式会社 自由社
〒 112-0005 東京都文京区水道２－６－３
TEL03-5981-9170　FAX03-5981-9171
発 行 者　加瀬英明
印　　刷　シナノ印刷株式会社
装　丁　榎本司郎

ISBN 978-4-915237-87-4　C0037
URL　http://www.jiyuusha.jp/　Email　jiyuuhennsyuu@goo.jp